面倒くさい日も、おいしく食べたい！

仕事のあとのパパッとごはん

一田憲子 Noriko Ichida

はじめに

　取材を終え、あわててスーパーで買い物をして自転車をかっ飛ばし、家路を急ぐ。あるいは、自宅で原稿を書き、まだ仕上がらないけれど、いったん切り上げてキッチンに立つ。そんなとき、「あ～、ごはん作るの、面倒くさいなぁ～」と思います。

　それでも、トントンとキャベツを刻むうちに、仕事モードが「暮らしモード」へと切り替わり、コトコトという煮物の音に耳を傾け、部屋に夕餉《ゆうげ》の匂いが漂い始めると、さっきまでイライラしていた心が自然におだやかになって、「いっただきま～す！」と食卓を囲むころにはすっかりご機嫌になっていたりするのです。

　私が、面倒でも「家でごはんが食べたい」と思うのは、そのほうが断然おいしい、と思っているから。さっと炒めただけのキャベツも、フライパンで焼いただけの鶏肉も、パン粉をつけてカリッと揚げた椎茸も、パクリと食べると「う～ん、おいし～！」とニンマリします。

「イチダさん、毎日家でごはん作るの？」「忙しいのによく作るよね」と、時々言われます。たしかに、面倒くさがりの私が日々ごはんを作り続けているなんて、奇跡のよう！　どうしてかな？と振り返ってみると、どこかで見つけたささやかな「おいしいポイント」を、家で試してみるのが好きだからかも?と思い当たりました。

それはたとえば、ベーコンをよく炒めてからキャベツを炒めると、おいしさがバージョンアップした! トンカツだけでなく、椎茸だってパン粉をつけて揚げたら絶品だった! といった具合。こんなに簡単なのにこんなにおいしい!という落差を発見し、キッチンでやってみて、自分の舌で確かめる、というプロセスにワクワクするのです。

それでも、やっぱり夕方になると「面倒だなぁ~」と毎日思います。だからこそ、自分を励ますテクも必要。レシピを単純化した「1行レシピメモ」を冷蔵庫の横に貼っておいたり、絶対に失敗しない合わせ調味料を考案したり。キッチンでのストレスをなくす工夫が、めげそうになる気持ちを乗り越えて、ごはんを作り続けるエンジンをかけてくれます。

どんなに簡単でも、どんなにラクに作れても、おいしくなければ意味がない、と思っています。「おいしい時間」が次にごはんを作る力を生み、仕事でのやりがいとは、まったく別の場所にある「幸せ」を思い出させてくれる——。だから私はこれからも、忙しくても、時間がなくても、面倒くさくても、おいしく食べるためのしくみを考え続けていくんだろうなと思います。

目次

＊本書の計量の単位は、大さじ１＝15㎖、小さじ１＝５㎖、１カップ＝200㎖です。
＊作り方に「しょうゆ」とある場合、「濃口しょうゆ」を使用しています。薄口を使用する場合は「薄口しょうゆ」と表記しています。
＊砂糖はすべて、てんさい糖を使用しています。

My Viewpoint 01

玄関開けたら、15分でごはんにする

忙しくて帰るのが遅くなり、
今日はもう外食にしよっかな？とくじけそうになりながら、
「やっぱり家で食べよう」と思い直す。
そんな日は、炒めるだけ、お皿にのっけるだけ、のごはんにします。
でも、意外とそんなシンプルなひと皿がおいしかったりするのです。

Ichida's cooking point 1

パックからフライパンへ
直行！で作る

Ichida's cooking point 2

使う食材を
1種類にする

Ichida's cooking point 3

冷蔵庫にあるものを
お皿にのせるだけ

夕飯作りの「敗北宣言」をする

ごはん作りは毎日です。取材で帰りが遅くなったり、締め切りを抱えていたりすると、「あ〜、ごはん作って食べて、で3時間は飛ぶよなぁ」とげんなりしたり、疲れがたまっている日には「あ〜、毎日の中から〝ごはん作り〟がなくなったら、ラクなのになぁ」と妄想したりします。もちろん、近所の行きつけの居酒屋で外食もします。でも、日々のごはん作りは、私にとって「最後の砦《とりで》」だよなぁと思うのです。

もし、自分じゃない誰かがごはんを作って毎日家で待っていてくれたら……。きっと最初は「やった〜」とウキウキするだろうけれど、しばらくそんな日々が続くと、「暮らし」が半分なくなってしまったような気分になるんじゃないかと思います。旬の野菜と肉か魚を少し買い、何を作ろうかと考え、ジャージャー炒めたり、コトコト煮たり。それを好きな器に盛りつけて「さて、お味はどう？」と食べてみる。そのプロセスの中に「自分の暮らしを組み立てる」という要素すべてが含まれている

と感じています。

それでも、「あ〜、面倒だなぁ」としょっちゅう思います。そんな日は夫に「今日は疲れてる宣言」をします。それは「今日の夕飯はひと皿だけ」という意味。せいろで冷蔵庫に残っている野菜と厚揚げを蒸しただけ、豚こま肉とキャベツを炒めただけ、といった具合です。実は私は、手をかけるのは面倒、と言いながらも、食卓にあれこれおかずが並んでいないと気がすまないタイプ。ひと皿だけでは不本意なのです。つまり、それは私にとっての「敗北宣言」でもありました。

でも、一度この「敗北宣言」をするとやみつきになりました。ひと皿だけ作ればいいから、気がラクです。「なんだかごはんを作るのが億劫《おっくう》な日」に大事なのが、とにかくキッチンに立つという「初動」のハードルを下げること。いったんキッチンに立ち、野菜を洗ったり、刻んだりしているうちに、だんだんエンジンがかかり、「ついでにきゅうりとミョウガを刻んで酢の物にしようかな」と手が動き始めます。「ごはんできたよ〜」と呼ぶころには、小さなおかずが2〜3品加わっていたりします。そして、はりきらないで作ったごはんはシンプルでなかなかおいしいのです。

野菜との組み合わせが大事

牛肉炒め

時間がないときは、多少奮発して、いいお肉に助けてもらいます。和牛切り落としなどを炒めるだけ。この料理、組み合わせる薬物野菜が大事。ルッコラやクレソンなど、ちょっとクセのある野菜がおすすめです。野菜に肉を絡めながら食べるとウマウマです。

【作り方】
フライパンで牛肉を炒め、塩、こしょう各少々で味つけをする。大根おろしをたっぷりのせ、しょうゆをかけて食べる。

実は、鶏肉の脂を吸った野菜が主役

鶏肉ぺったんこ焼き

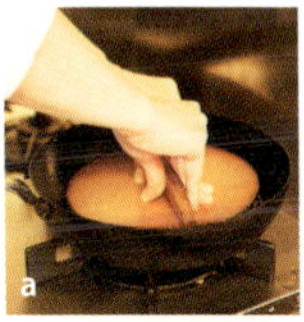

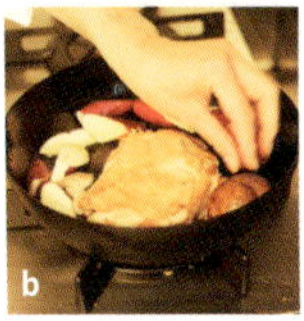

【作り方】

鶏もも肉に塩、こしょうをふり、両面をパリッと焼く。脂が出たら乱切りにしたさつまいも、マッシュルームを加える。

a. 落としブタなどで上からギューギュー押す。**b.** 鶏肉のまわりに野菜をぐるりと並べて。

鶏肉をじっくり焼いただけなのに、おいしい！　コツは、落としブタなどで上からギューギュー押すこと。鶏肉とフライパンの間に隙間ができないように密着させることで皮がパリッと仕上がります。根菜やきのこ類などを一緒に焼くと、鶏肉の脂を吸って、おいしく仕上がります。

生臭くないようカリッと焼くのがコツ

サーモン照り焼き

魚のムニエルも、たちまちできる簡単料理。小麦粉を少しまぶして焼くほうが、外はカリッと中はふっくら仕上がり、甘辛タレも絡みやすい気がします。ちゃんと火が通ってから味つけをするのが生臭くならないコツ。ちょっと苦味のあるピーマンやシシトウを一緒に焼いて添えると、おいしい組み合わせになります。

【作り方】
サーモン2尾に塩、こしょうをふり、小麦粉を薄くまぶして焼く。しょうゆ、みりん各大さじ1を加えて絡める。

ごま豆腐ものっけて

グリーンサラダごま豆腐のせ

野菜だけでなく、冷蔵庫を見渡して、なんでものっけちゃうのがこのサラダ。意外によく合うのがごま豆腐。そのほか、ちりめんじゃこや漬物など。私は残り物のひじきや豆の煮物ものせちゃいます。

【作り方】
レタスやルッコラを盛り、ごま豆腐、ちりめんじゃこをのせ、海苔をちぎってのせる。和風ドレッシングで。

大きく切れば食べごたえたっぷり

キャベツ炒め

器作家のイイホシユミコさんに教えてもらったのが、キャベツの炒め物。このシンプルさがクセになります。コツは、キャベツを大きくカットすること。炒めすぎると水分が出るので、生っぽさが残るうちに火を止めます。

【作り方】
ベーコンをよく炒めてからキャベツを投入。少しかためなくらいで火を止め、塩、こしょうで味つけする。

My Viewpoint 02

レシピを単純化する

失敗するとがっかりするので、私はきちんと計量して料理を作ります。
でも、この作業が面倒くさい！
そこで、大さじ1½は大さじ1に。小さじ½は小さじ1にと
分量を切り上げ、切り下げちゃうことに。単純化した「1行レシピ」を
冷蔵庫の横に貼っておけば、チラ見で味つけばっちり！

Ichida's cooking point 1

いつもの味の黄金比率を決める

レパートリーは少なくてもいい

「今日はこのおかずを作ろう」と決めたら、キッチン脇にある棚から、レシピカードを取り出します。野菜を刻みながらカードを見て、酒やしょうゆなどの分量を量り、肉をフライパンで炒めながらもう一度チェック。急いでいると、この繰り返しにだんだんイライラしてきます。レシピを見ないでパパッと作ればいいなぁと思うけれど、私にはそれほどのスキルはありません。そこで、せめていちいちレシピを見ないでも作れるような「しくみ」を作ろうと思い立ちました。

まずは、よく作る「定番おかず」をピックアップします。初めて作ったおかずが、定番となるか否かは、その日の夕飯の協議で瞬時に決まります。食べてみて「こりゃ、うまい！」となったらすぐに定番入り。「まあまあ」だと二度と作りません。このジャッジの舌が夫と似ていてよかったなぁと思います。若いころは、あれこれ新作を作ろうと頑張ったこともあったけれど、結局は、いつものおいしいごはんが

一番！　今では「これだけは絶対においしい」という少ない品数をルーティンで作ればいい、いつも同じでもおいしければいい、と割りきれるようになりました。

定番入りが決まったら、2度目、3度目と作りながら少しずつレシピを単純化していきます。たとえば「しょうゆ大さじ1、みりん大さじ2½、酒大さじ2」というレシピなら、全部大さじ2で作ってしまう、ということです。やっぱり味が濃すぎたら、「しょうゆ大さじ1、みりん、酒各大さじ2」に変えます。ほんのわずかなさじ加減にこだわるプロからは叱られそうですが、こうやってレシピを単純化することで、おかず作りがぐんとラクになります。そして冷蔵庫の脇には、定番おかずのレシピメモを貼っています。レシピといっても、単純化した、たった1行。

このしくみ作りの中で生まれたのが、わが家の黄金比率の煮物です。だし2カップに対し、しょうゆ、砂糖、みりんを大さじ4ずつ。これを鍋に入れて煮立てたら、ある日は鶏肉と椎茸を、ある日はがんもどきを、白身魚とシシトウでも。食材を替えて20分ほど煮るだけ。久しぶりに作るとき、分量を忘れたら、冷蔵庫の脇をチラリと見ればいい。この気楽さが日々のごはん作りを助けてくれます。

置いておくほどおいしくなる
肉団子とナスの煮物

夫が遅く帰る日や、出張前によく作るのがコレです。私は「作りおき」をほとんどしません。どうしても味が落ちるから……。でも、この煮物だけは、置いておくほど味が染みておいしい！　肉団子は揚げるとこってり。時間がない日は、揚げずにだし汁に落とすだけでも。

a

【作り方】

牛豚合いびき肉300gに玉ねぎ½個のみじん切りをチンしたもの、しょうがのすりおろし少々、卵白１個分、塩少々を加えて混ぜ、丸めて片栗粉をまぶして揚げる。ナス４本も揚げる。だし汁２カップにしょうゆ、砂糖、みりん各大さじ４を加え、肉団子とナスを煮る。

a. 粉は茶こしを使うとまんべんなくまぶせる。

３つの食材を煮るだけ！
鶏肉、椎茸、ねぎの煮物

【作り方】
24ページと同じだし汁を温め、鶏もも肉２枚をそぎ切りにして入れ、３分ほど煮て取り出す。ねぎ２本、椎茸６枚を入れて火を通し、鶏肉を戻して温める。

24ページと同じだしで煮ただけなのに、３つの食材の旨みが合わさって複雑な味に。初めて作った日、「うお～おいし～」と感動したおかずです。ポイントは、鶏肉を煮たら一度取り出すこと。ねぎと椎茸の旨みが出たら鶏肉を鍋に戻して仕上げます。

献立は、味と食感の組み合わせが大事

仕事からの帰り道。電車の中で「今日の夕飯は何にしようかな~?」と考えます。疲れているけれど、「それでも」とごはんを作ろうとする何よりの力となるのが、「食欲」だと思います。「今日はコロッケが食べたいぞ!」と思うから、スーパーに立ち寄って買い物をし、帰ってすぐにキッチンに立てる。お腹は空いていないけれど夫のためだけにごはんを作る、というようなときは、とたんにモチベーションが下がってしまいます。

だから、献立を決めるのはいつも直前。1週間の計画を立てて買い物をし、それにのっとって……という作り方は苦手です。渋谷から井の頭線に乗り込んだとき、脳内がカチリと夕飯モードに切り替わります。吉祥寺に着くまでの15分ほどの間に、メニューを決めます。まずはメインを決め、副菜を2品ほど頭に思い描きます。そのとき、しょっぱい系(焼き魚など塩味のおかず)、酸っぱい系(酢の物)、甘辛系(肉じゃがなどの煮物)など、味のバランスを考えます。

わが家は和食好きなので、ふと気がつくと、すべてがしょうゆ系の味になっていることがあります。肉団子とナスの煮物に、ほうれん草のごま和《あ》え、冷奴といった具合に……。一品一品はおいしいけれど、これだと味の変化がありません。そこで、ごま和えをきゅうりの酢の物に替え、冷奴を卵焼きに替える。すると、味のトライアングルが生まれて、箸の進み方がぐんとよくなるのです。

あるとき、器屋さんを営む方が、「食べ物は食感が大事なのよ。夏はシャキシャキ噛めるきゅうりやレタスが食べたくなるでしょう? あれは、体が欲するものなのよね」と教えてくださいました。「なるほど!」と膝を打ち、それからは献立を考えるときに「食感」という項目をプラスするように。ねっとり、シャキシャキ、ふわふわ、となるべく食感が違うものを組み合わせます。とはいえ、そんなに難しいことではありません。ふわふわのハンバーグには、シャキシャキのレタスを組み合わせる、という感じ。

かつては、この「献立を考える」という作業が面倒で仕方がありませんでした。あれは先週作ったし、これは3日前とあまり変わらないし……。「だったら」と新作にトライしても、イマイチおいしくできなくて疲れるだけ。そこで、「いつも同じでいい」と割り切ったら、ぐんと気がラクになりました。絶対おいしく作れるもの数品を、おいしく食べられる組み合わせで作り続ければいい。家庭料理のおいしさは、「変わらない安心感」にあるのですから!

My Viewpoint 03

鍋まかせで作る

肉や魚を「ストウブ」などの厚手の鍋に入れ、
ほったらかしでできるメニューは、その間にほかの一品を手がけられるので大助かり。
肉はふっくら仕上がるし、
野菜は、旨みがぎゅっと鍋の中に閉じ込められて、
勝手においしくなってくれます。

Ichida's cooking point

1

鍋に入れたら放りっぱなしにする

余計なことをしないというおいしさ

私は自宅で原稿を書きます。締め切りに追われているときは、自宅にいるのに忙しい、という状態になります。そんなときに助かるのが、鍋まかせの料理。鍋に材料を放り込むだけで、あとはほったらかしで完成です。

たとえば蒸し鶏。「ストウブ」などのフタのしっかり閉まる厚手鍋に水と酒少々を入れ、昆布を敷いて鶏もも肉を入れます。フタをして15分加熱。以上！です。ポイントは、火を止めたらフタをしたまま冷ますこと。肉がかたくならず、ふっくらと仕上がります。これを細長くカットして、きゅうりと一緒に盛りつけ、酢みそダレでいただくといくらでも食べられちゃう！

でも、実はこの料理で本当においしいのはスープなのです。鶏肉の旨みがぎゅっと凝縮された汁がカップ1杯ほどとれます。これに水を加えて、ナンプラーと塩各少々で味つけした汁でご飯を炊きます。このチキンライスのおいしいこと。私はこ

のご飯が食べたくて、蒸し鶏を作っているようなものです。蒸し鶏を横に添えれば東南アジアの屋台料理として人気の「海南チキンライス」に。

スープは、水を加えて塩少々で味つけをし、チキンスープとして飲むのもおすすめです。コラーゲンたっぷりで、元気になります。

私はいつも多めに作り、後日このチキンを少し温めてから片栗粉をまぶし、フライパンでカリッと焼いて食べます。生から焼くよりも、外はカリッ、中はふわっと仕上がるので、ワンランク上のチキンソテーになります。鶏肉を焼いたあとの油を利用して、もやしでも炒めれば、これまたラクチンワンプレートディナーの完成です。

このほかにも、白菜1/8個をオーバル形の鍋に入れ、水少々で蒸し煮にするだけ、という簡単料理も。これを酢じょうゆにつけながら食べるのがおいしい！　新じゃがの季節には、よく洗ったじゃがいもを鍋に敷き詰め、水を加えてフタをし蒸し煮に。じゃがいもがやわらかくなったら、しょうゆとバターを加えて絡めます。素材そのものの味を引き出し、シンプルな味でいただく。鍋まかせの料理は、余計なことを何もしない、というおいしさを教えてくれます。

火にかけて15分、火を止めて15分

蒸し鶏

ポイントは、火を止めて余熱で肉に熱を通すこと。鍋におまかせすることで、鶏肉がふっくらジューシーに仕上がります。みそダレもおいしさの秘密。みそと酢、ナンプラー、ニンニクの組み合わせが、蒸しただけの鶏肉に異国情緒をプラスして、複雑な味に格上げしてくれます。

a

b

【作り方】

鍋に昆布を敷き、鶏もも肉2枚、水と酒各½カップを入れ、沸騰したら弱火にして15分。火を止めてさらに15分蒸らす。みそ大さじ3、砂糖と酢各大さじ2、ナンプラーとごま油各小さじ1、ニンニクのすりおろし少々でみそダレを作る。

a. ニンニクを少しきかせて。

b. 鶏肉を蒸したあとのスープはとっておく。

蒸し終わったスープで作るチキンライス

海南チキンライス

蒸し鶏を作るのは、このご飯を炊くため、と言っても過言ではないぐらい、おいしい。蒸し鶏ときゅうりのせん切りと一緒に大皿に盛れば、これひと皿で大満足。おもてなしランチにもよく作ります。

【作り方】
米2合に、32ページのスープに水を加えて2カップにして加える。ナンプラー大さじ1、酒大さじ2を加えて炊く。

コラーゲンたっぷり！

鶏スープ

鶏肉2枚から、蕎《そ》麦《ば》猪口《ちょこ》2杯分しかとれませんが、旨みがぎゅっと詰まったとびきりの味。焼き鳥屋さんなどで鶏スープを飲んでも「うちのが一番おいしいのぉ！」という夫のお墨付きです。

【作り方】
32ページの鍋に残ったスープに水を加えて濃さを調節し、ねぎを加えて加熱。塩少々で味をととのえる。仕上げにこしょうをふる。

酢じょうゆで食べるのがミソ！

蒸し白菜

冬野菜で一番好きなのが白菜です。スーパーで売っている1/8カットの白菜を、「ストウブ」のオーバル鍋にそのまま入れ、水を加えて蒸すだけです。料理と言えないほど簡単！　これを酢じょうゆにつけて食べる。さっぱりとしていて、白菜の味がダイレクトに味わえて最高！

【作り方】

鍋に白菜1/8株と水少々を加えて火にかける。沸騰したら弱火にして、白菜がしんなりするまで15分ほど蒸し煮にする。

a. しんなりしたらできあがり。

バターとしょうゆの鉄板の味つけ

新じゃがしょうゆバター

しょうゆとバターの組み合わせって、なんておいしいんでしょう！ 春先に、コロコロとした小さな新じゃがが店頭に並び始めると、コレが食べたくなります。たわしでよく洗い、鍋に入れてフタをして蒸し煮に。やわらかくなったら、しょうゆをジャッ！ バターをドカッと加えて。

【作り方】
新じゃが7～10個を鍋に重ならないように並べ、半分浸るぐらいの水を入れ蒸し煮に。しょうゆ大さじ2、バター大さじ3を加えて絡める。

My Viewpoint 04

おいしい組み合わせを知る

当たり前の味よりも、「ちょっとクセがある味」にすると、
料理の腕が上がったような気分になります。
ザーサイ、ガラムマサラ、柚子こしょう……。
ちょい足し調味料によって、平凡なひと皿にガツンと個性が！
「おいしい組み合わせ」を知っておくと食卓にリズムが生まれます。

Ichida's cooking point

1

缶詰やびん詰を積極的に利用

Ichida's cooking point

2

ちょい足し調味料を上手に使う

〝おいしい〟引き出しを増やせば、手抜きでＯＫ！

きゅうりの輪切りとパクチーのざく切りに、「桃屋」のザーサイを刻んでプラス。これをごま油で和える。食材をボウルに順番に放り込んで和えただけなのにおいしいのなんの！　ポイントはザーサイです。あの独特の風味が、和え物を、ひと口食べると「お〜！」と言いたくなる、通好みの味に変えてくれます。料理の腕がたいしたことなくても、時間や手間をかけなくても大丈夫。普通に作った一品をごちそうに変えるのは、「おいしい組み合わせ」を知っているか否かにかかっているように思います。

ありきたりの味に何かもうひとつプラスしてみる、というのもよく使う手。わが家でよく作る「エビとアボカドのごまマヨ和え」は、切ったアボカドとゆでたエビをマヨネーズで和えるだけ、というお手軽料理です。ここにすりごまを加えてみると、風味よく、ちょっと和風になって満足度がぐんとアップ。ゆでたタコをマヨ

ネーズで和えるときは、ガラムマサラを少量入れるとスペシャルな味に。来客時にお出しすると、後日「まねしました〜」と言われる率100%の一品です。

食材の意外な組み合わせも効果大です。かぶと柿をくし切りにし、柚子こしょうとしょうゆ、酢で和えると和食屋さんのような小鉢に。にんじんをせん切りにし、ツナ缶と少量の酢で和えると、どんどん箸が進むおかずになります。

自分の中の「おいしい組み合わせ」の数を増やすには、普段からアンテナを張っておくことが大事。たとえば、どこかで何かを食べて「むむっ？　なに？　この味」と思ったら聞いてみる。先日、行きつけの居酒屋で「ズッキーニの梅和え」という小皿を頼みました。ズッキーニを軽く焼いて、上に梅ソースがのっているというもの。さわやかで、でも酸っぱすぎず絶妙の味加減。「梅のほかに何が入っているんですか？」と聞いてみたら、少量の甘酢で溶いているのだとか。帰ってさっそくやってみました。そして、私の脳内レシピ帳に、梅＋甘酢という組み合わせがしっかりインプットされたのです。アレとコレを混ぜるだけ。そんな新たな発見をするたびに「よっしゃ〜！」とガッツポーズしたくなります。

ザーサイの味と香りがアクセント

きゅうりとパクチーとザーサイの和え物

メインのおかずを作るだけで精いっぱい、副菜にまで手をかけてなんかいられない。そんなとき作るのがコレ。きゅうりとパクチーに、びん詰のザーサイを刻んで和えるだけ。酒の肴にもいいし、ご飯のお供にも。鶏ささみをゆでてほぐして加えるとボリュームが出ます。

【作り方】
きゅうりを輪切りにして塩をふって水気を絞ってから、パクチーのざく切りとザーサイのみじん切りを加えて、ごま油で和える。

異国風のひと皿

タコのガラムマサラ和え

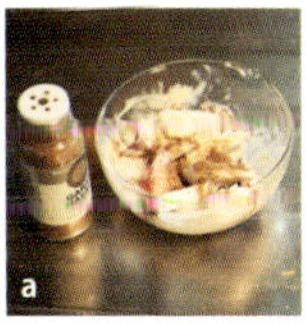

【作り方】
ゆでダコを食べやすい大きさに切って、マヨネーズ、レモン汁、ガラムマサラ、塩少々で和える。
a. ガラムマサラは好みの量で。

手抜きをカモフラージュしてくれるのが、ガラムマサラやクミン、カレー粉などの香辛料です。マヨネーズで和えただけ、という一品に隠し味として加えると、ごちそうに変身。来客時、これをスターターとして出すと「おっ！」と好評です。

すりごまを加えて大人の味に

エビとアボカドのごまマヨ和え

献立を考えるとき、しょうゆ味には酢の物を、というふうに味のバランスを意識します。似たような味だと飽きてしまうけれど、互いに引き立てる味だと、全体がおいしくなる。マヨネーズは変化をつけるのに便利。最後にすりごまを加えて。

【作り方】
エビはゆでてひと口大に切り、アボカドは切ってからレモン汁をふる。マヨネーズと塩少々、すりごまで和える。

ほんのりわさびをきかせて

さやいんげんと鶏ささみのわさびマヨネーズ

【作り方】
さやいんげんはかためにゆで、鶏ささみはゆでて裂いておく。マヨネーズ、チューブのわさび、塩少々で和える。

さやいんげんはコリッという歯ごたえがおいしい野菜です。でも、なかなかドンピシャにゆでることが難しい。そこで「ストウブ」の鍋に少量の水を加え、蒸し煮に。ボウルにわさびとマヨネーズを練って、アツアツを加えて和えます。

調味料は酢だけ
にんじんとツナの和え物

ツナ缶なんて！と以前はまったく使うことがありませんでした。ところが、この和え物を作ってから、そのおいしさに開眼！　せん切りにしたにんじんにツナ缶を加えて酢で和えただけなのに、食べだすと止まらないおいしさです。

【作り方】
にんじん２本はせん切りにして塩少々をふる。ツナ１缶、酢大さじ２を加えて和える。

新たなズッキーニのおいしさ発見！

ズッキーニの梅ソースのせ

【作り方】
ズッキーニはフライパンで焼く。梅干し1個は種を取って叩き、酢大さじ1、砂糖少々を加えて練ったものをのせて伸ばす。焼き海苔をちぎってのせても。

ズッキーニは火の通し方で味わいが変わるなぁと思います。ラタトゥイユのようにクタクタに煮てもよし。パン粉をつけて揚げても美味。これは、ちょっとかために焼いて食感を残すのがポイント。梅ソースで和風に仕上げました。

My Viewpoint 05

揚げ物は、食べる前に油を片づける

コロッケやごぼうがカリッと揚がったら、
まず取りかかるのが油の処理。
アツアツの油はさらっとしていてベタつきません。
面倒だからこそ、「拭くだけでスッキリ」の状態のうちに片づけて。
揚げたてを食べるために、秒刻みでキッチンから食卓へ駆けつけます。

Ichida's cooking point
1

ウェスを常備

Ichida's cooking point
2

鍋の油を拭き取る

Ichida's cooking point
3

オイルポットをきれいに

揚げ物はアツアツのうちに！

野菜の素揚げ、コロッケ、鶏ささみ肉のパン粉揚げ、チキン南蛮……。わが家のメニューには揚げ物が多いようです。というのも、手間がかからず、揚げ物鍋に放り込むだけで、メイン料理ができちゃうから。よく「キッチンが汚れるから揚げ物はしない」という声を聞きますが、揚げ物鍋に油を少なめに入れて揚げれば、周囲に飛び散ることはほとんどありません。

ただし、そこには絶対に守らなければならない鉄則があります。それが、食べる前に油の処理を済ませてしまう、ということ。できれば、揚げたてをハフハフいいながらサクッと食べたい。盛りつけたらすぐに食卓に直行！と言いたいところですが、まず油が熱いうちにオイルポットに移し、網にたまった揚げカスを捨て、ウエスで油を拭き取ります。鍋の中の油も拭き取り、コンロまわりをさっとひと拭き。これを大急ぎで済ませてから、「よっしゃ～」と食卓へ。

油は熱いうちはサラッとしていて不思議なくらいベタつきません。ウェスで拭き取るだけでさっぱりきれい！　ちょっとでも放りっぱなしにして油が冷えると、お湯で絞ったふきんで拭き取っても、どこかヌルついてしまいます。こう考えると、揚げ物は「段取り」が命のおかずと言えるかもしれません。

揚げたてを食べたい！　でも油も処理しなくちゃ。このふたつを同時進行で進めるために、あと1分で揚がる！という段階にくると、揚げ物用の菜箸を持ちながらソワソワし始めます。このとき、すでにキッチンでのすべての作業が完了していることが大事。使い終わったボウルや鍋はすべて洗い、できあがったおかずは食卓に運び配膳を整えます。揚げ物を盛りつける器をコンロ横にスタンバイさせ、万全を期してから、いよいよ揚げ始めるというわけです。からりと揚がったナスやイワシを盛りつけながら、「ごはんできたよ〜！」と大きな声で夫を呼びます。お皿を食卓に運んでもらいながら、私は油の処理を開始。面倒くさがりだからこそ、ラクに片づけられる順番を知っておくことが大事。テキパキモードで先にやっつけておけば、最初のひと口が格別になります。

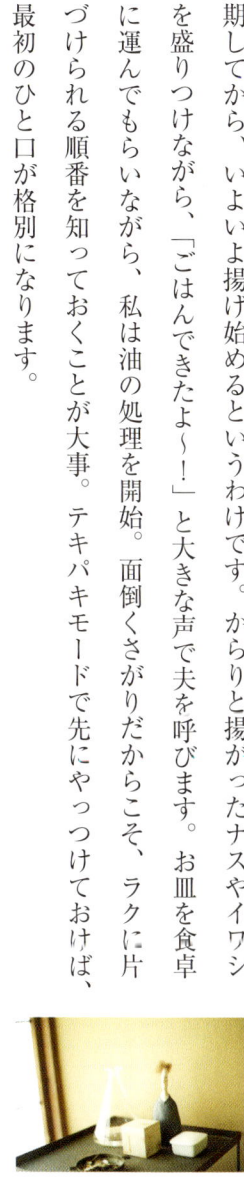

普通の椎茸がごちそうに！

椎茸のパン粉揚げ

【作り方】

椎茸のかさに小麦粉、卵、パン粉をつけて揚げる。

a. 軸を持って転がしながら衣をつける。

食いしん坊は、面倒くさがりに勝ります。あのサクッ、カリッというおいしさを知っているから、いそいそと作業に取りかかります。椎茸は軸を持ってかさの部分だけに衣をつけるので、手が汚れることもなし。肉や魚にも劣らない私の「ベストオブパン粉揚げ」です。

塩麹で下味を

ささみのパン粉揚げ

鶏ささみ肉は火を通すとパサパサするイメージがありますが、パン粉揚げにすると、一瞬で火が通るから、外はカリッと、中はふんわり。衣をつけるのが面倒であれば、塩麹漬けにしたあと、低温の油でそのまま揚げても。レモンをまわしかけてさっぱりいただきます。

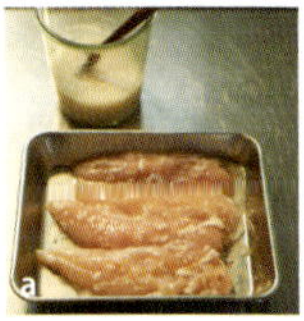

【作り方】

ささみに塩麹をまぶし、1時間ほどおいてパン粉をまぶして揚げる

a. ささみ４本で塩麹大さじ1ほど。衣をつける前にざっと落とす。

たっぷりの野菜にトッピング
イワシの竜田揚げ

イワシは手開きできるので、よく使う魚です。下味をつけてから片栗粉をまぶし、カリッと香ばしく揚げた竜田揚げは、夫の好物。ルッコラや、ホワイトセロリ、パクチーなどちょっとクセのある葉物野菜の上にのせて、バリバリとサラダ感覚で食べるのが好きです。

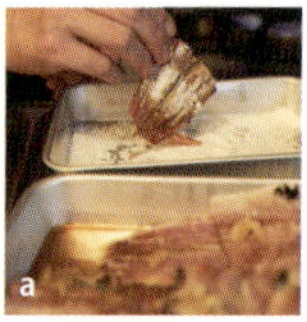

【作り方】
イワシ４尾を開いてひと口大に切り、しょうゆ、みりん各大さじ１、しょうがの絞り汁小さじ１で下味をつけ、片栗粉をまぶして揚げる。
a. 片栗粉をまぶすとカラッと揚がる。サバでもおいしい。

幼いころから変わらぬ実家の味

ポテトコロッケ

特別なコツは何もないのに、必ずおいしく仕上がります。唯一のポイントは、おいしいじゃがいもを選ぶこと。私はキタアカリを使います。欠かせないのがせん切りキャベツ。いつも山盛り作っても、ペロリと食べちゃいます。「三留商店」の薬膳ソースをまわしかけて。

【作り方】

玉ねぎ¼個をみじん切りにして炒め、牛豚合いびき肉100gを加えてさらに炒め、塩、こしょうで味つけ。じゃがいも3個をゆでてつぶして混ぜ、俵形に。小麦粉、卵、パン粉の衣をつけて揚げる。

a.「小麦粉と卵は左手、パン粉は右手」と決めると指先が汚れにくい。

甘酢で唐揚げをさっぱり

チキン南蛮

どうやら私は甘酢の料理が好きなようです。揚げてから甘酢に絡めるこのおかずは、ちょっと手はかかるけれど、月に何度かは「あ〜アレ食べたい！」と作りたくなります。ゆで卵と玉ねぎのみじん切りをマヨネーズと塩で和えたタルタルソースと一緒に。

【作り方】

鶏もも肉2枚に小麦粉をはたき、卵液にくぐらせてからカラッと揚げる。フライパンに酒、しょうゆ、みりん、酢各大さじ2、砂糖大さじ1を煮立て、揚げた鶏肉を絡める。カットしてタルタルソースをのせる。

a. 卵液にくぐらせ、油へ投入。

物足りない日のお助けおかず

ごぼうの素揚げ

ごぼうやれんこん、さつまいもにかぼちゃ。野菜の素揚げは「もう一品欲しい」というときによく作ります。揚げて塩をふるだけで絶対おいしい！　ごぼうは、包丁を使わず叩いて割ったほうが断面がギザギザになり、カラッと揚がります。

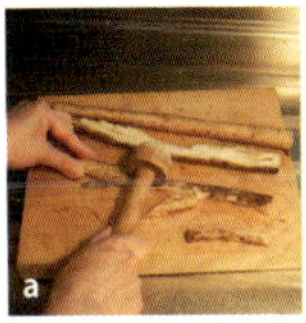

【作り方】

ごぼうを叩き割って揚げる。

a. 割るときはすりこぎを使用。

My Viewpoint 06

煮物を主菜に格上げする

初めて昆布と鰹節できちんとだしをとった日、
いつもの煮物がびっくりするほどおいしくなりました。
料理の腕がなくても、だしさえあれば格別の味になることを知り、
いつも冷凍庫にストックするようになりました。
しみじみした味の煮物は、夕飯の主役になります。

Ichida's cooking point
1

下ゆでをする

Ichida's cooking point
2

だしはひたひたに

Ichida's cooking point
3

一度冷ますと
おいしさ倍増

旬の野菜の煮物作りで心のお掃除を

シンプルだけど、だしのきいた味をしみじみ楽しむ。大根や里いもなど、季節の野菜の煮物を作って食べることは、私にとって、いつもバタバタと走りまわり落ち着かない心を、静かに整え、今まで聞こえなかった風音に耳を澄ませるような、そんな時間のように思います。

というのも、同じ配合で作っているはずなのに、煮物は作るたびに味が変わるから。急いでドタンバタンと作った大根の煮物は、ドタンバタンという味になるよう。皮をむく手元から、おいしく仕上げるプロセスが始まります。大根なら厚めにむいて面取りを。里いもなら両端を落としてから上から下へす〜っと包丁をすべらせて。まな板の上にむき終わったきれいな野菜が並ぶだけで、なんともうれしくなります。

大根ならお米を一握り入れて、里いもは、吹きこぼれないように気をつけながら、下ゆでをします。火が通り、だんだん透き通ってくると、大根も里いももキラキラ

輝き始めるよう。だしは、時間があるときに、昆布と鰹節で鍋いっぱい作り、スクリュータイプのフタがついた「ジップロック」に小分けにして冷凍しておきます。だしがおいしさの決め手になるので、ここだけは手を抜かずに頑張ります。冷凍庫にだしさえあれば「どんな煮物もすぐできる」という安心感があります。

下ゆでが終わったら、だしをひたひたに注いで火にかけ、しょうゆ、みりん、酒、塩を加えます。一番大事なのは、塩。塩味がきかないとぼやけた味になってしまうので。さらに、大根に厚揚げやちくわを加えたり、里いもにイカや椎茸を加えたり。味を組み合わせることで食べごたえが増し、メインのおかずがなくても、これ一品で満足できます。

煮物は、きちんと鍋に向き合って作ることが大事だなぁと思います。私は、「さっさと食べて、アレをしなくちゃ」と気もそぞろで作ることがしょっちゅう。すると何かが足りない味になって、がっかりします。気がかりな荷物は脇に下ろし、ひとつひとつの手順を大切に。おいしい煮物が完成したら、心まできれいになった気がします。

メークインで作るのがコツ
肉じゃが

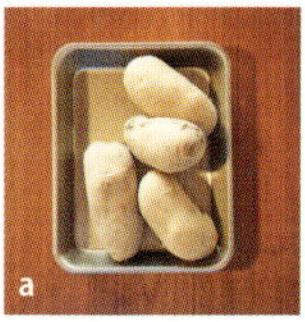

【作り方】
玉ねぎ½個を薄切りにし、豚バラ肉150gと炒め、メークイン5個をひと口大に切って加え炒める。水2カップ、薄口しょうゆ大さじ1、酒、砂糖各大さじ2、濃口しょうゆ、みりん各大さじ1、塩少々を加えて煮る。
a. メークインは煮込み系の料理に向く。

ずっと肉じゃがを作るのが苦手でした。すぐに煮崩れてボロボロになってしまうから。あるとき、男爵ではなくメークインで作ってみたら大成功！　煮崩れないし、キメが細かいメークインが、豚バラ肉の旨みを吸って、しっとり！　今では得意料理になりました。

ご飯に合うこってり味で

大根の煮物

薄口でコトコト煮た上品な味も好きですが、大抵時間がないので、下ゆでしたあとに、濃いめの味つけで中火で短時間に仕上げます。コクがあって夫にはこちらのほうが好評。鶏肉や厚揚げ、ちくわなどを一緒に煮ると、旨みもボリュームもアップして食べごたえ満点。

【作り方】
大根½本を、一握りの米を加えた水から下ゆでする。だし汁1½カップ、薄口しょうゆ、砂糖、酒各大さじ1、濃口しょうゆ、みりん各大さじ½、塩少々を加え、ちくわ1本も加えて煮る。

つぶれかけのやわらかさがおいしい

里いもの煮物

スーパーで里いもが数種類並んでいたら、どの産地のどの種類がおいしいか、ちゃんと覚えておきます。というのも、素材によって驚くほど差が出るから。ねっとりと旨みがあるものをチョイスしたいもの。崩れる一歩手前ぐらいにやわらかく煮るのが好きです。

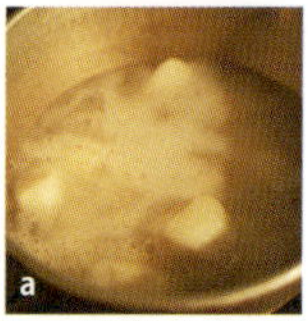

【作り方】

里いも10個ほどの皮をむき、透き通るまで下ゆでをする。だし汁1カップを注ぎ、鶏もも肉½枚を入れて、みりん、酒、薄口しょうゆ各大さじ1、塩少々を加えて煮る。

a. 下ゆでをしたらぬめりを洗い流す。

実も葉っぱもだしもすべておいしい！

かぶの治部煮

生もおいしいけれど、火を通したかぶのおいしさといったら！　葉っぱも大好きなので、全部入れて余すところなく食べきります。鶏肉と一緒に煮込んで、片栗粉でとろみをつけた治部煮は、どこか懐かしくしみじみした味。だしも必ずズズッとすすります。

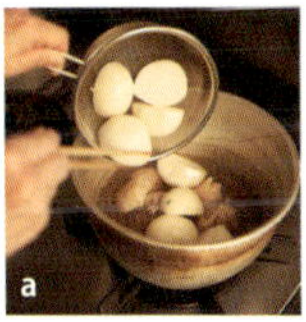

【作り方】
だし汁2カップに酒大さじ2、薄口しょうゆ小さじ2、塩少々を加えて煮立て、鶏もも肉1枚をひと口大に切って加える。かぶ5個ぐらいを入れて弱火でやわらかくなるまで煮たら、最後に葉を加え、水溶き片栗粉でとろみをつける。
a. かぶは皮つきのまま加える。

調理道具は人生の相棒

今、私が使っているボウルは、20年近く前に「無印良品」で買ったものです。当時住んでいた小さな一軒家のキッチンは、わずか2畳ほどで、壁面にネットを取り付けて、すべてを「吊るす収納」にしていました。だから、このボウルも引っかけられるよう持ち手付き。今は、シンク下にしまっているので、この持ち手が邪魔で仕方がない。「柳宗理《やなぎそうり》」の美しいフォルムのボウルに買い替えたい。でも、ボウルって、壊れない。だからなかなか買い替えることができません。

調理道具を買うときは、ほぼ「一生もの」と思わないといけないなぁと思います。というのも、鍋もボウルもお玉も、壊れることがないから。時には処分したり、誰かに譲ったりすることもあるけれど、わが家にある調理道具は、ほぼどれもが10年以上使い続けているものです。

その中でも毎日必ず使うのが、「有次《ありつぐ》」のやっとこ鍋。私は5つのサイズを持っているのですが、持ち手がなく、入れ子にして収納できるので、場所をとりません。ペンチのような〝やっとこ〟で挟んで持ち運びします。たしか15年ほど前に、雑誌か何かに掲載されているのを見て「いいな」と思い、「エイヤッ!」と5つセットで購入したのでした。

この鍋、煮物が本当においしくできるのです。アルミ製で適度に薄く、火がまわりやすい。フタがないので、木製の落としブタを使いますが、これが、適度に水分を飛ばしてくれて、ちょうどいい塩梅《あんばい》にだし汁がなくなって、里いもや大根がほっこり煮上がります。

5つのサイズがあるのもいいところ。煮物をするときは、材料がなるべく重ならず、鍋底にピタッと収まるのが理想です。ここにひたひたのだしを注ぎ、調味料を加えると、あとは鍋まかせで勝手においしくなってくれます。煮物の量によって、大きいのから2番目の鍋を使ったり、3番目を使ったり。一番大きな鍋は、一度にたっぷりのだしをとるときや、たけのこ1本を下ゆでするときに。小さな鍋は牛乳を温めたり、さやえんどうをゆでたりするときに。

実家では、かつて祖母が使っていたベコベコになったアルミ製の両手鍋を母が使い続けています。おばあちゃんがこの鍋でカレイの煮つけを作っていたことを思い出します。どんな素敵な鍋よりも、私にとっては大切な鍋で、いつか母から受け継ぎたいと思っています。

今、私がドタバタとごはんを作り続けている姿を、あの「有次」の鍋はきっと見続けているんだろうなぁ。おばあさんになって、「あんなときもあったよね」と言いながら、この鍋を使うことが夢です。

My Viewpoint 07

昨日の残り物で卵料理を

献立を考えるときに、頭を悩ますのが、最後の一品です。
肉や魚、野菜のメイン料理を作ったら
さて、あと一品をどうしよう？　そんなとき、よく作るのが卵料理。
手をかけず、今ここにある食材を混ぜたり、包んだり。
「困ったときの卵頼み」は、なかなか有効です。

Ichida's cooking point

1

肉じゃがでも

Ichida's cooking point

2

キンピラでも

「あと一品」は卵料理で

急いでごはんを作らなくちゃいけないけれど、冷蔵庫には昨日の残り物の肉じゃがだけ……。そんな日によく作るのがオムレツです。オムレツは洋風料理ですが、その具には、意外や和風のおかずがとてもよく合うのです。フライパンで卵を薄く焼いてから、肉じゃが、ひじきの煮物、ごぼうやれんこんのキンピラなどのおかずをのっけて包んじゃいます。これがなかなかおいしい！

前日の炒め物って、温め直してもイマイチでおいしく食べられませんが、オムレツなら大丈夫！　野菜炒めやしょうが焼きなども、ちょびっと残っていたらオムレツに。昨日と同じものでも、卵で包むとまるで違うおかずになるから不思議です。ポイントは、卵をたっぷり使うこと。わが家では2人用のオムレツに卵3個を使います。少ないと、薄焼きにしたときにカピカピになってしまいますが、たっぷりあると半熟に仕上げることができ、箸で割ると、トロ～ッと卵がとろけて具に絡んでくく

れます。

「今日は何も残り物がない」という日は、冷蔵庫の野菜室をのぞいて、少し残っていたキャベツをせん切りに。生のまま卵に包んでソースをかけて食べると、シャキシャキとした歯ざわりで、びっくりのおいしさです。少し炒めてからカレー味などをつけて包むのもおすすめ。

余裕がある日には、チヂミ風の卵焼きを作ります。3〜4枚残ってしまった豚バラ肉を炒めて、その上にニラをのせ卵液をまわしかければ、ちょっとお好み焼き風のボリューミーなおかずになります。

逆に今日は大急ぎ！という日はシンプルな卵焼きを。卵液にしらすや青ねぎのみじん切りを混ぜると、風味よい卵焼きになります。間に海苔を挟んでなると風に仕上げても。焼きたての卵焼きのおいしさは家庭料理ならではです。

ずっと家にいて、買い物に行くのも面倒という日も、卵ならいつも冷蔵庫にあります。だからこそ、「今ここ」にあるものを組み合わせてなんとかおかずをひねり出す！　なんでもおいしく変換してくれる卵の力は偉大です。

卵で巻くと、いつもの煮物が新鮮に

肉じゃがオムレツ

【作り方】
卵２個を溶いてフライパンに流し込む。肉じゃがをのせて巻く。

休みの日の昼に、トーストを焼いて何かおかずを、と冷蔵庫を見渡したときに見つけたのが、ひと口だけ残った前日の肉じゃがでした。オムレツにしてみたら、意外やおいしくて。「これいけるじゃん！」と以来、夕飯のおかずに格上げしています。

豚バラ肉が２〜３枚残ったら

豚バラチヂミ

まあるく焼き上げたチヂミは食卓をにぎやかにしてくれます。必須の具はニラ。これが入ると途端に卵焼きが韓国風の味に変身！　私はニラを使ったら、あえて1〜2本残しておき、翌日このチヂミを作ります。塩味をきかせてこのまま食べても、ソースをつけてもおいしいです。

【作り方】

卵３個に塩、砂糖各少々を加えて混ぜる。フライパンで豚バラ肉を焼き、上から切ったニラをのせる。小麦粉少々をふりかけ、卵を流し込んで両面を焼く。

a. 小麦粉をふりかけることで、ふんわり仕上がりボリュームアップ。**b.** 卵をまわし入れたらフタをして焼く。

キャベツのせん切りを包むだけ

キャベツオムレツ

以前、どこかの洋食屋さんで、オムレツを割ったら中からせん切りキャベツが出てきてびっくり。「カサ増し?」といぶかりながら食べてみたら、これがおいしい!

さっそく自宅でもするようになりました。野菜と卵を一緒に食べられるところがうれしいのです。

【作り方】
卵を溶いてフライパンに流し込み、せん切りキャベツをのせて巻く。

別名「タイガース巻き」!

海苔巻き卵焼き

【作り方】
卵を溶いてフライパンに流し込み、海苔をのせてクルクルと巻く。

卵焼きって、どんなものを投入してもおいしくできちゃうもの。シンプルに青ねぎを加えて焼くのも好きだし、明太子を混ぜても。これは、しっかりした厚手の焼き海苔をあぶって、卵にのっけて巻いたもの。切り口の模様がおもしろく、包丁を入れるのが楽しみに。

My Viewpoint 08

酸っぱいおかずでバランスをとる

こってりした煮物を食べたら、
さっぱりした酢の物が食べたくなります。
一品だけがとびきりおいしいより、
おかずの間を箸が行き来するからおいしい！
そんな夕飯は、食べ終わったあとの満足度が120%になります。

Ichida's cooking point

1

塩もみする

Ichida's cooking point

2

よく水を切る

配合を覚えれば、チョチョイのチョイ！

副菜を決めるときに役立つのが、酸っぱいおかずです。酢の物は、酢2・砂糖1・水1の割合でと覚えてしまえば簡単。作るのが億劫でなくなります。きゅうりの塩もみだけでもよし、そこにミョウガを足したり、薄焼き卵やちくわなどを加えても。酢の物は、酢の選び方で味がガラリと変わります。私は鼻にツ〜ンとくるのが苦手で、どちらかといえば、甘酢まで飲んでしまえるような、さらっとした酢の物が好きなので、千鳥酢を使っています。

夏になると、これと同じ割合でピクルスを作ります。大きめの保存びんにピクルス液を入れ、冷蔵庫にそのときある野菜を拍子木に切ってどんどん放り込むだけ。きゅうり、セロリ、にんじん、大根、かぶ、パプリカ、ミョウガなどなど。時には、ナンプラーを少し加えてタイ風ピクルスにすることも。

キャロットラペや、紫玉ねぎのマリネなども、作りおきができるおかずです。こ

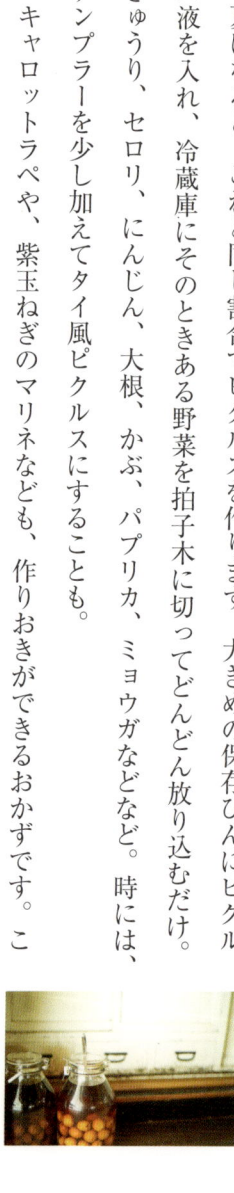

ちらは、酢1・砂糖1・サラダ油かオリーブ油2の割合で作ります。

少しボリュームアップしたいときは、しょうゆを加えて南蛮漬けにします。玉ねぎをすりおろして加え、揚げたナスやかぼちゃを漬けた夏野菜の南蛮漬けは、暑い時季のわが家の定番おかずです。秋になれば、きのこ類をパプリカなどちょっと食感の違う野菜と一緒に炒めて砂糖と酢を加えたきのこの南蛮漬けを。ほかには、ごま油、薄口しょうゆ、酢、砂糖でタレを作り、きゅうりやハム、もやしなど、野菜をどっさり加えた春雨サラダも大好き！

その日の夕飯のしたくにかけられる時間によって、酸っぱいおかず作りのグレードを決めます。忙しい日には超簡単なきゅうりの酢の物だけ、ちょっと時間がある日には南蛮漬けを、といった具合。私はいつも大量に作り、2〜3日は食べつなぎます。「冷蔵庫にアレがある……」と思うと、心の負担が軽くなります。

副菜をおいしく作ることができると、メインが肉や魚を焼いただけ、野菜を炒めただけ、などのお手軽料理でも、その日の食卓がぐんと豊かになる気がします。酸っぱいおかずは、味のバランスを整える名脇役と言えそうです。

きゅうりが１本残っていたらできる

きゅうりと薄焼き卵の酢の物

わが家では、薬局で買ったさらしをハンカチ程度の大きさにカットして、５～６枚かごに入れてあります。きゅうりに塩をふってしばらくおき、水分が出たら、さらしに包んでギュッと絞って。シャキシャキした酢の物を作るポイントは、水分をしっかりきることです。

【作り方】
きゅうりは輪切りにして塩をふり水気を絞る。薄焼き卵を作り細長く切る。酢大さじ2、砂糖大さじ1、水大さじ1で和える。

こってり味で食べごたえあり
ナスの南蛮漬け

ナスと油と酢の組み合わせのおいしいこと！　玉ねぎはすりおろすことで辛みが消えるから不思議。ナスは揚げるのが面倒なので、フライパンに多めの油をひいて揚げ焼きに。私はいつもナス６本分ぐらいをまとめて作りおき、日に日に変わる味を楽しみます。

【作り方】
ナス６本は縦４つに切り、多めの油で揚げ焼きにする。玉ねぎ½個をすりおろし、しょうゆ、酢各大さじ５、砂糖大さじ１、すりおろししょうが少々を加え、ナスを漬け込む。ナスは熱いうちに漬けると味がよく染み込む。
a. 玉ねぎはすりおろして加えると辛みがやわらぐ。

具だくさんだから冷麺感覚で

春雨サラダ

春雨をゆでている間に、きゅうりやハム、ちくわなどを切って、甘酢にどんどん放り込むだけ。もやしはゆでるとカサが減るので1袋丸ごと使います。こんなにたくさん食べられる?と思いながら作りますが、毎回ペロリと平らげるほど、大好きなおかずです。

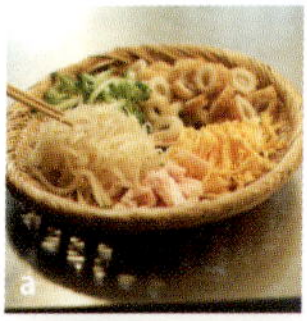
a

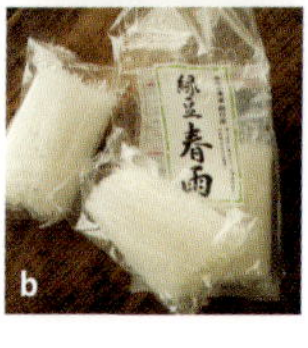

b

【作り方】

春雨50 gはゆでて水にとり水気をきる。きゅうり１本、ハム２枚はせん切り、ちくわ１本は輪切りに。もやし１袋はゆでる。卵１個で錦糸卵を作る。酢大さじ5、薄口しょうゆ、ごま油、砂糖各大さじ２で和える。

a. たっぷりの具で作るのが好き。**b.** 春雨は短くカットされて１袋ずつ梱包されているものを。

どんな野菜でもおいしくなる
なんでもピクルス

冷蔵庫にピクルスがあると、副菜を作らなくていいので、ごはん作りがぐんと気楽になります。ちょっとおしゃれなガラス容器で保存するのがおすすめ。冷蔵庫から食卓へ直行できるので器いらずです。

【作り方】
酢大さじ4、砂糖、水各大さじ2でピクルス液を作り、きゅうりやかぶ、パプリカなどを切って漬ける。

ドライフルーツの甘みをプラス
キャロットラペ

長年、包丁でせん切りにしていたけれど、スライサーを買ってみたら、ラペ作りが断然ラクになりました。甘酢を作ったら、先に干しぶどうを漬け込み、甘みを引き出してからにんじんを加えるのがポイントです。

【作り方】
にんじんをスライサーで細かく切り、酢大さじ4、砂糖、オリーブ油各大さじ2、塩こしょう少々に干しぶどうを加えて和える。

体に合わせて朝食をバージョンアップ

数年前、『暮らしのおへそ』（主婦と生活社刊）の別冊『まずは、からだを整える』というムックの取材で、朝はフルーツだけのほうがいいと聞いてから、大好きなパンを朝に食べることをあきらめました。実は、私はトーストとバターが大好き。幼いころから実家の朝食もいつもバタートーストとミルクでした。お気に入りのパンにバターをてんこ盛りにしていただく幸せといったら！

でも「フルーツは食べてから40分ほどで腸に届くからお通じがよくなる」「朝食後に眠くならない」と聞き、これはやってみなくちゃ！と思ったのでした。

もちろんフルーツも大好きです。当初はバナナやりんご、桃、柿など、いろいろなフルーツをカットしてお皿にきれいに並べ、ウシシと食べていたのですが、途中で「どうやらスムージーのほうが効果的らしい」と聞いて、小松菜などの葉物野菜をプラスして、グリーンスムージーにして飲むように。

さらに、更年期障害には、大豆イソフラボンが効くらしいと聞いて、豆乳をプラス。こんなふうに私の朝食は、誰かに聞いた「体にいいこと」で、どんどんバージョンアップし、今は、バナナ、オレンジ、りんご、キウイ、小松菜、豆乳のグリーンスムージーを飲んでいます。

でも、フルーツや野菜をいつも切らさないように常備しておくのはなかなか大変です。とくに夏場は、バナナやキウイなどはすぐに傷んでしまいます。そこで、これをひと口大にカットして、冷凍することにしました。私のジューサーは氷も攪拌《かくはん》できるタイプなので、冷凍したままジューサーにかけると、ひんやりしたジェラートのようなスムージーになっておいしい！　冬は、そのまま常温で保存して作ります。

その効果たるや、絶大です。以前は朝食後「さぁ、原稿書くぞ！」と机の前に座ったものの、なんだか眠くて、お腹がどっしり重たくて……。でも、スムージーにしてから、サクサク仕事が進むようになりました。さらに、便秘が解消されて、腸の循環がよくなり、2キロほど痩せました。人の体って正直ですね。食べるものが、こんなにも仕事のパフォーマンスに関係することを、身をもって理解したのでした。

人の体は、食べたものでできています。私は決して健康フリークではありませんが、一日のエンジンをかける朝、何を食べれば、自分が一番調子よくなるかにはとても興味があります。おいしくて、体は軽やかに、頭はクリアに。そんな三拍子揃った朝食が理想です。

My Viewpoint 09

キンピラに助けてもらう

煮物を作るほどの時間も気力もないけれど、ちょっと和風のおかずが欲しい。
そんなときによく作るのがキンピラです。
基本の配合は、しょうゆとみりんが1対1。
ごぼうやれんこんはもちろん、ピーマンやセロリ、ナスやちくわでも。
炒めて甘辛く味をつければ失敗なし！という、懐の深いおかずです。

Ichida's cooking point

1

同じ野菜で切り方を変える

その日の気分で気ままにアレンジを

野菜を適当に炒めて、しょうゆとみりんで味つけすればハイ、できあがり！　その手軽さと、野菜を替えれば違う味になるバリエーションのつけやすさで、キンピラはまさに手を替え品を替えよく作ります。

ごぼうやれんこんが定番ですが、その切り方によってまったく違うおかずになります。ごぼうは細く切れば、炒めるとしんなりとしてやさしい味に。ごまをたっぷりかけていただきます。逆に分厚く切って鷹の爪などを加えて炒めると、しっかり食べごたえのあるおかずになります。れんこんは、輪切りにすれば、見た目にも華やかに。さらに、私がよく作るのが拍子木に切って豚バラ肉の薄切りと一緒に炒めるという、ちょっとバージョンアップしたキンピラです。これだと、副菜ではなくメインのおかずにもなります。

ちょっと変わり種としてよく作るのは、ピーマンのキンピラ。繊維に沿って細長

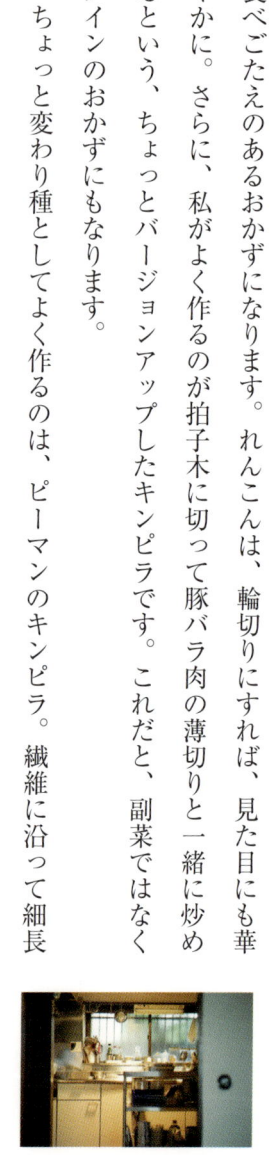

く切り、ごま油で炒めてから味つけを。ピーマン独特のほろ苦さとシャキシャキ感が意外なおいしさに。ビールのおつまみにも、白いご飯にもよく合います。

ナスのキンピラなら、ちょっとくったりするぐらい炒めてから味つけするのがおすすめ。こちらは、山椒をふると大人の味になります。

じゃがいもでも作れます。さいの目に切ってレンジで少し加熱し、ざっと炒めたら、みりんとしょうゆをまわしかけ、最後に鰹節をふんわりと。甘辛味がよく染みたところに鰹節が絡まり、絶品！　肉じゃがまで手をかけられないときにおすすめです。ちょっと味を変えたいなら、酢を少量加えます。じゃがいもをせん切りにし、ごま油で炒めて、しょうゆ、みりん、酢で味つけをし、最後にシソの葉のせん切りをパラリ。「これ、じゃがいも？」と言いたくなるさわやかな味です。

サラダ油やごま油など、炒めるときの油によっても味が変わるし、ラー油を少し加えてピリ辛味にしてもいいし、カレー粉をプラスしても。とくに決まり事はないし、どう作ってもそれなりにおいしく仕上がるのがうれしいところ。フライパンの中であれこれ実験して、意外な組み合わせを試すのも楽しいものです。

ほろ苦い味がやみつきに

ピーマンのキンピラ

冷蔵庫の中に1～2個ピーマンが残っていたら、1袋買い足してから作るほど大好きなおかずです。いつも多いかな?と思いながら8～10個分炒めても、ペロリと食べちゃいます。シャキシャキした歯ごたえを残すように、炒めすぎないのがポイントです。

【作り方】
ピーマン8～10個を繊維に沿って細切りにし、ごま油で炒めてから、みりん、しょうゆ各大さじ1で味つけする。
a. 繊維に沿って切るとシャキシャキ感が出る。

プラス豚バラでメイン料理に

豚バラれんこん

「あ〜、今日はごはん作るの面倒だなぁ」という日のメイン料理によく作るのがコレ。豚バラ肉とれんこんを炒めて甘辛く味をつけるだけで、ボリューミーなおかずに。豚バラ肉のこってり感と、炒めたれんこんのもっちり感が絶妙で、手をかけた風の一品になります。

【作り方】

れんこん10cmほどを拍子木に切る。豚バラ薄切り肉200gを炒め、脂をよく出してかられんこんを加えてさらに炒め、酒少々をふりかけフタをし蒸し焼きに。れんこんがやわらかくなったら、みりん、しょうゆ各大さじ2を加えて炒める。

a. フライパンのフタをして蒸し焼きにする。

5分でできちゃうお手軽さ

じゃがいものおかかまぶし

もともとお弁当のおかずとして作っていた肉じゃがもどきです。さいの目に切ったじゃがいもをレンジで加熱してからキンピラに。最後に鰹節をふりかけるのがミソ。

鰹節の旨みで手抜き料理とは思えない深みのある味に。鰹節をケチらないのが大事です！

【作り方】
じゃがいも2個をさいの目に切ってレンジで加熱しやわらかくする。ごま油で炒め、みりん、しょうゆ各大さじ2を加え、最後に鰹節をふりかけて混ぜる。

a. レンジにかけるときは、ジップロックの容器を利用。

甘酢味でいくらでも食べられる
じゃがいものさっぱりキンピラ

あるとき、キンピラに酢を加えてみたらどうだろう？と実験したら、これが大正解！　甘酢のさっぱりとした味で、キンピラとはまったく別のおかずになりました。こちらは、じゃがいもをせん切りにして、かために仕上げるのがコツ。さつまいもでもおいしくできます。

【作り方】
じゃがいも２個をせん切りにして炒め、みりん、しょうゆ、各大さじ１、酢小さじ１を加えて味を絡める。最後にごまをふる。

My Viewpoint 10

魚料理をバージョンアップする

魚を焼いただけではなんだか物足りない。
煮物や酢の物と組み合わせればいいとわかりつつも、
あれこれ副菜を作るのは面倒。
だったら、タレをかけたり、ほかの食材を組み合わせたり。
ひと皿で満足できる魚料理を考えました。

焼く＋α

Ichida's cooking point 1

蒸す＋α

Ichida's cooking point 2

煮る＋α

Ichida's cooking point 3

ちょっとの手間で、食べごたえを2倍に

魚料理はバリエーションをつけるのが難しいなぁと思います。簡単なのはやっぱり焼き魚です。でも、魚を焼いただけではちょっと物足りない……。そこで、いつもの魚料理をバージョンアップさせる方法を考えました。

ひとつは焼き魚にトッピングをすること。魚を焼いている間に、ねぎとしょうがを刻み、しょうゆと少量の酢で和えておきます。これを、焼きたて熱々のアジやサワラにジュッとかけます。たったこれだけなのに、とびきりおいしくてびっくり！ポイントは酢。さっぱりとした味わいになって、焼き魚が上品なひと皿に変身するのです。今日はねぎ、次はミョウガ、その次は万願寺唐辛子と、刻む野菜を替えるだけで、いろいろなバリエーションが楽しめます。

もうひとつ、簡単な方法は酒蒸しです。白ねぎの上にタラや鯛、サワラなどをのせ、酒をふりかけて蒸し器で蒸すだけ。蒸しあがったら、万能ねぎを散らし、ポン

酢をかけていただきます。この料理を初めて作ったとき、夫は「お〜、料亭の味やな！」と絶賛しておりました。白ねぎを肉厚の椎茸にしてもおいしいし、夏はプチトマトやオクラと一緒に蒸してもさわやかな味になります。

魚の煮つけは、みりん、しょうゆ、酒の中に魚を入れて、10〜15分でできちゃうお手軽料理です。私は、ごぼうや豆腐など、一緒に煮ることでおいしさが倍増する素材をプラスして、ボリュームアップ。魚の煮汁をたっぷり吸ったごぼうや豆腐は、魚以上においしい！

今日はワインに合わせてちょっと洋風に、という日には、イワシやアジなどにパン粉とオリーブ油をかけるだけ、というオーブン焼きもよくやります。

どうやら私は「いたって普通」の魚料理に、タレやほかの食材を組み合わせて、格上げするのが好きなよう。魚を焼いて、煮物を作って……よりも、ひと皿でド〜ンと出す！ほうがラクチンなのです。ちょとプラスαするだけで、効果が倍増する。そんなとびきりのアイデアを発見するのはワクワクします。

酢をきかせたタレでごちそうに

焼き魚ねぎソース

うちのガスコンロには魚焼きグリルが付いていないので、魚は網で焼きます。失敗を繰り返し、やっときれいに焼けるようになりました。コツはやや強火で焼くこと。パリッと焼けた魚の皮のおいしいこと！ちょっと焦げた皮に、この酢をきかせたねぎソースが合うのです。

【作り方】
白ねぎ10cmほどとしょうが1片をみじん切りにし、しょうゆ大さじ2、酢小さじ1で和え、焼いた魚の上にかける。
a. 酢を加えるのがポイント。

とろりとした白ねぎもおいしい
太刀魚の酒蒸し

魚を蒸すと、ふんわりと仕上がり、焼き魚とは違ったおいしさを楽しむことができます。どうせ蒸すならと、いつも白ねぎや肉厚の椎茸などを一緒に。10分ほど蒸すだけでたちまち完成！　金目鯛など白身の魚ならなんでもOKです。

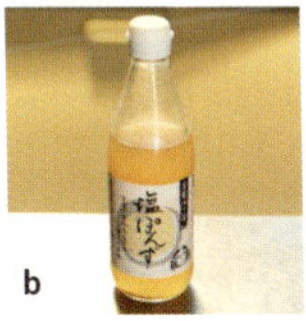

【作り方】
魚に塩をふり、白ねぎを敷いた器にのせて、酒を魚が半分浸かるぐらい入れる。蒸し器で10分ほど蒸したら、青ねぎをのせポン酢で食べる。
a.酒はたっぷりめに。**b.**ポン酢は「倉敷味工房」の「塩ぽんず」を愛用。

実は豆腐とごぼうが主役

メバルのごちそう煮つけ

「煮つけって、なんだか手間がかかりそうだよなぁ」と敬遠していましたが、作ってみると、たった10分でできてびっくり！　母から受け継いだレシピは水を一切入れません。魚の旨みをぎゅっと凝縮させた煮汁で、豆腐やごぼうを一緒に煮るとウマウマです。

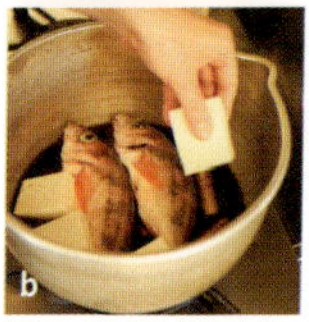

【作り方】

酒1カップ、しょうゆ、砂糖各大さじ6、みりん大さじ4を鍋に煮立て、メバル、木綿豆腐を入れてしょうがを散らし、落としブタをして10分ほど煮る。

a. ごぼうを下に敷くと、魚の皮が鍋にくっつくのを防ぐことができる。**b.** 魚の隙間に木綿豆腐を入れる。

梅干しを入れてさわやかに
イワシのオーブン焼き

イワシは骨が少なくアレンジしやすい魚です。しょうゆとみりんで蒲焼きにしたり、オリーブ油とニンニクでソテーしたり。ちょっと時間があるときは、オーブン焼きに。梅干しを巻いてから焼くと、和洋折衷の味になって、ワインにも、白いご飯にも合います。

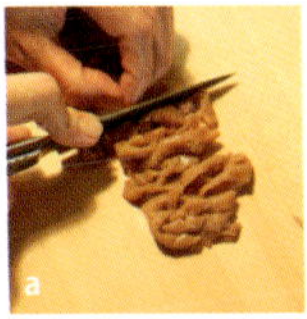

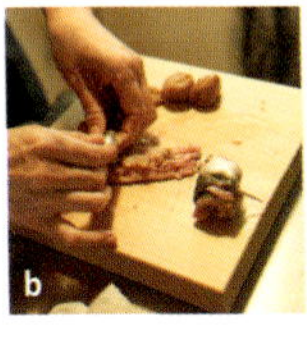

【作り方】
イワシを開き、縦半分に切ったら、叩いた梅をのせて巻いてつまようじでとめる。器にのせ、塩少々、パン粉をふりかけてオリーブ油をまわしかけ、オーブン（210度）で20分ほど焼く。
a. 梅干しは種を取り、細かく刻む。**b.** イワシにのせてクルクル巻く。

昼食は365日同じでいい

私はフリーライターなので、外へ取材に出かける日もあれば、一日中家で原稿を書いている日もあります。家にいる日は、前述の通り朝にパンを食べるのをあきらめたので（84ページ）、昼になると、いそいそとトーストを焼いて、少しの野菜と温かい紅茶を。食後には季節の野菜のコンポートと「豆乳グルト」という、朝食のような昼食をとります。いたって簡素ですが、毎日同じでもいい、と思うほどお気に入りを集めた昼食セットです。

パンは、横浜・山手にあるパン屋さん「ON《オン》 THE《ザ》 DISH《ディッシュ》」から、2週間に一度「コットン」という名の食パンと「ランチ」という名のイングリッシュマフィンを取り寄せて冷凍しています。バターは「よつ葉バター」。ジャムは、春先に一年分まとめて作る文旦ジャム。皮がどっさり入った食べごたえのあるジャムが好きなので、毎年8個の大きな文旦をひたすらむいて、皮を刻んで10びんほどをまとめて作り冷凍します。紅茶は熊本の「あまたま農園」の「天の紅茶」。

野菜は、18センチの小さなオーバル型「ストウブ」に、キャベツやきのこ類、トマトやかぶなど、冷蔵庫にある野菜と水少々を入れて、蒸し煮に。塩麹とごま油やオリーブ油をまわしかけていただきます。桃や洋梨など季節のくだものを白ワインと少量の氷砂糖で煮て作りおくコンポートには、「豆乳グルト」をかけて。食卓に並べるのは、ひとつひとつ「これがあれば、ほかはいらない」と選りすぐったものの足し算です。

「これ」というパンを見つけるまでは、あっちのパン屋さんに行ったり、こっちで取り寄せをしてみたり。しばらく「パン難民」でした。私の場合トーストにバターをてんこ盛りに塗って食べるのが好きなので、おいしい食パンを手に入れるのが必須。ただし、個性的すぎると、毎日食べると飽きてしまいます。ナツメヤシの酵母を使った「ON THE DISH」のパンは甘さも塩気も過不足なく、ひっそりとした味です。たかがトースト1枚ですが、「ON THE DISH」のパンは、私の暮らしを安定させる底力を持っている、と思っています。

こんな昼食を食べながら、「ごちそう」ってなんだろう？と考えます。あれもこれもと、バリエーション豊かでなくても、高価な食材や、手間や時間をかけて調理しなくてもいい。私にとってのごちそうは、毎日同じあの昼食なのです。ぐっとストライクゾーンを狭くしてアンテナを張り、「絶対おいしい」をキャッチできれば、365日同じでも「あ〜、おいしかった！」という満足感がいっぱいです。

My Viewpoint 11

「○○の素」を卒業する

作ったことがないものは、なんだか難しく思えるものです。

でも、「家庭では無理」と思い込んでいた料理にトライして
「あら、私でもおいしくできるじゃん！」

とニンマリするワクワク感といったら！

そしてそれは、意外に簡単だったりするのです。

Ichida's cooking point
1

役立つ調味料を知る

Ichida's cooking point
2

ニンニクとしょうがを上手に使う

料理の上達には、「身の程知らず」が大事！

初めて自宅で麻婆豆腐を作ったとき、「うひゃ〜、おいし〜！」と感動したのを覚えています。それまで、私にとって麻婆豆腐は、「麻婆豆腐の素」を買って作るものでした。でも料理本を広げて見ながら、ひき肉を炒め、豆板醤《トウバンジャン》を加えて……と作ったひと皿は、簡単なのに「今まで作っていたのは、なんだったんだろう？」と思うほど本格的な味でびっくりしたのです。

料理は「身の程知らず」が大事だなぁといつも思います。難しそう、とか、私のスキルでは無理そう……なんて考えずにやってみる。最初の扉さえ開けば「あれ？こんなに簡単にできちゃうんだ！」とわかって、2度3度作るうちにどんどんラクになり、暮らしに定着していきます。レパートリーを広げるということはそういうことなんじゃないかと思います。どこかでおいしいものをいただいたり、料理本を読みながら刺激を受けたり。そうやって、やる気スイッチが入った日が「身の程知

らず」をやってみるチャンスです。

そして、ひとつ扉を開けると必ず「おまけ」がついてきます。たとえば麻婆豆腐なら、いろいろなアレンジが可能。豆腐の代わりに揚げ焼きにしたナスを加えれば麻婆ナスに。ピリ辛味のひき肉に絡まった味は、ナス好きにはたまりません。私はちょっと変化をつけたい日には、ピーマンやシシトウも一緒に加えます。シャキッとした歯ごたえとほろ苦さが加わって、大人の味になります。ゆでた春雨を加えれば、食べごたえのある麻婆春雨に。

どれも、お酒のつまみにもいいし、白いご飯にも合うのがうれしいところ。わが家の酒飲み野郎（夫）は、夕食時は晩酌しながらこの麻婆シリーズをつまみ、必ず「絶対、ちょっとだけ残しといて！　明日ご飯にかけて食べるから」と言います。ちょっと残しておき、茶碗1杯分のミニ麻婆丼にするのがおすすめです。

どんな料理にもいろいろな作り方があります。大事なのは、「お〜、これはうまい！」という好みのレシピにめぐり合うこと。そして、もうちょっと辛く、甘く、と微調整すること。自分の舌をものさしに。それが家庭料理のよさですから。

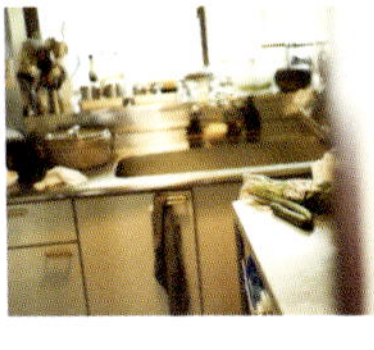

ナスたっぷり！で作りたい

麻婆ナス

「う〜ん、今日のごはん何にしよう?」と迷ったとき、よく作るのが麻婆三兄弟です。麻婆ナスか麻婆豆腐か麻婆春雨。ひき肉と玉ねぎを炒めて、合わせ調味料をざざっと入れるだけなので、超お手軽。麻婆ナスは、夫婦2人で、ナス5〜6本をペロリと食べてしまいます。

【作り方】

ナス5本は、多めの油で揚げ焼きにして取り出しておく。玉ねぎ¼個、ニンニク1片、しょうが1片をみじん切りにして炒め、豚ひき肉200gを入れてさらに炒める。フライパンの空いたところで豆板醤小さじ1を炒め、合わせ調味料（水1カップ、鶏がらスープの素小さじ1½、しょうゆ大さじ2、酒、砂糖各大さじ1）を加えて煮立てる。ナスを戻し入れ、水溶き片栗粉でとろみをつけ、最後にごま油をたらす。

a. ナスは火を通したらいったん取り出す。

ピリ辛味の豆腐で食欲倍増

麻婆豆腐

麻婆三兄弟のうち一番簡単なのが、炒めたり、戻したりの手間が不要な麻婆豆腐です。フライパンからスパイシーな香りとグツグツという音が聞こえてくると急にお腹がすいてきます。レタスなど葉物サラダと一緒に。

【作り方】

麻婆ナス（108ページ）と同じタレに、木綿豆腐1丁を切って入れる。

麺料理の感覚で

麻婆春雨

たっぷりの麻婆ダレを吸った春雨をチュルチュルッとすする幸せ！　おかずが少なくてボリュームが欲しいな、という日には、お腹がいっぱいになる麻婆春雨を作ります。パプリカやセロリなどの野菜を加えても。

【作り方】

春雨70gを戻し、麻婆ナス（108ページ）と同じタレで1分ほど煮込む。

材料を切るところだけガンバル！

青椒肉絲

材料を細長く切るのがちょっと面倒ですが、あのシャキシャキした歯ごたえを思い出すと、面倒さより食欲のほうが勝り、観念してまな板に向かいます。たけのこは、カットされたものを買ってくることも。肉と野菜がたっぷりひと皿でとれるのもいいところ。

a

【作り方】

たけのこ50g、豚肩ロース薄切り肉100g、ピーマン３個、長ねぎ１本はすべてせん切りに。豚肉は、卵１個、塩、酒、しょうゆ、こしょう各少々で下味をつけ、片栗粉とサラダ油各大さじ１をまぶす。肉を炒めたらいったん取り出し、野菜を炒めて肉を戻し入れ、合わせ調味料（砂糖大さじ½、酒、しょうゆ各大さじ1、オイスターソース小さじ1）を加え、水分がなくなるまで炒める。

a. 肉に卵を絡めてよく混ぜてから炒めるとかたくならない。

エビ特売日の定番メニュー
エビのチリソース炒め

いろいろな作り方でエビチリを作ってみて、やっとたどりついたのがこのレシピ。ポイントは、プリッとしたいいエビを選ぶこと。私はスーパーでブラックタイガー（大）が特売になっている日によく作ります。最後に卵の黄身を流し入れるとまろやかに。

【作り方】
エビ10~12尾は卵白½個分、片栗粉大さじ1、サラダ油小さじ1、塩、こしょうを加えてさっくり混ぜる。これを先に焼いて取り出す。ニンニク1片、しょうが1片のみじん切りを炒め、豆板醤大さじ1を加え炒める。合わせ調味料（鶏がらスープ½カップ、ケチャップ大さじ2、酒大さじ1、砂糖小さじ1、塩、こしょう、酢各少々）を加え、エビを戻し入れ、ネギ¼本のみじん切りを加える。最後に残っている卵黄を加えて混ぜる。
a. フライパンのあいたところに卵黄を入れて。

My Viewpoint 12

乾物料理を主役に抜擢する

ひじきや切り干し大根の煮物って、
おいしいけれど、手間がかかるわりに脇役なのよね……。
そう思うと作るのが面倒になります。
そこで、豆や練り物を入れたり、揚げたり、卵でとじたり。
具だくさんにすれば、立派に主役を張れるようになるのです。

Ichida's cooking point

1

組み合わせる

Ichida's cooking point

2

卵でとじる

買い物に行かない日には乾物料理を

家で原稿を書いていて、ハッと気づいたらもう夕方6時。そんな日は夕飯の買い物に行かず、家にあるものでなんとかしよう、と思います。まずは冷蔵庫をチェック。ちょっと材料が足りないなぁと思ったら、乾物をストックしているかごをガサガサさらって、なんとか一品ひねり出します。私がよく作るのは、肉や魚のメイン料理がなくても満足できる、ボリューミーな乾物のおかずです。

知り合いに教えてもらった仙台麩という油麩があります。これはお麩を油で揚げてあるので、甘辛く煮るだけでちょっとこってりしたおかずになります。しかも水で戻す必要がないので、食べやすい大きさにカットしたら、そのままだしにポイポイ放り込むだけ。玉ねぎを薄くスライスし、舞茸などのきのこ類と一緒に煮ます。最後に卵でとじて、トロ〜リ半熟で仕上げます。

もうひとつ、わが家の夕飯のおかずとしてはもちろん、来客時におもてなし料理

としてよくお出しする十八番が、高野豆腐の煮物です。ただし、普通の高野豆腐ではありません。ずいぶん昔、倉敷にある「野の」という和食屋さんに連れていってもらったとき、初めて食べたのがこのスペシャルな高野豆腐でした。ひと口食べると、とろ〜りとして、あの独特のボソボソ感がまったくないのです。「え〜っ！　これいったいどうなってるんですか？」と女将に聞いてみたら、「一度揚げてから煮るんです」とのこと。水で戻してから、一度揚げて煮る。結構面倒ではありますが、一度このおいしさを知ったら、手間なんてまったく気にならなくなるはず。わが家でこれを食べた人からは必ず、「わ〜おいしい〜！　家に帰って絶対作ってみます！」と言われます。表面がカラリとなるぐらい揚げたら、みりんとしょうゆ少々で薄く味つけしただしに浸け、15分ぐらい煮れば完成！

切り干し大根やひじきを煮るときは、ほかにいろんなものをプラスして、食べごたえのあるおかずに仕上げるのが好きです。切り干し大根なら、ちくわやさつま揚げを、ひじきなら、こんにゃく、缶詰の大豆などをプラス。脇役でなくおかずの主役として、モリモリ食べたくなります。

水で戻さなくてOKだから楽チン

仙台麩の煮物

乾物料理のハードルは、水で戻さなくてはいけない、という手間です。でも、この仙台麩はそのまま使えるので、急いでいる日に大助かり。味の出る玉ねぎや舞茸と一緒に煮てもよし、牛肉や白ねぎと一緒にすき焼き風にしてもよし。自在に使える便利な乾物です。

a

【作り方】

だし汁2カップに、砂糖、しょうゆ、酒各大さじ2、みりん大さじ1を入れて煮立て、玉ねぎ½個を薄切りにしたものと、舞茸1パック、ひと口大にカットした仙台麩1本を加えて落としブタをして煮る。最後に溶き卵をまわし入れる。

a. 棒状の仙台麩をひと口大にカットして。

水で戻したら揚げてから煮るのがコツ

高野豆腐の煮物

【作り方】
高野豆腐4枚を水で戻し、½に切ってから表面が少しかたくなる程度に揚げる。だし汁2カップ、みりん大さじ2、薄口しょうゆ大さじ1、塩少々を煮立て、揚げた高野豆腐を入れて10分ほど煮る。
a. 高野豆腐の表面を触って、カサっとかたく感じる程度に揚げる。

「高野豆腐ってなんだかボソボソするから苦手」という方にぜひお試しいただきたいのが、「揚げてから煮る」という方法。ちょっと面倒なようですが、まるで別もののように、しっとり上等な煮物になるのです。その意外な変身っぷりが、ごちそうに感じるゆえんです。

あれこれ入れてボリュームアップ
切り干し大根の煮物

乾物料理を作ったら、数日間は食べつなぎたい、と思います。だから、ほかの素材もどんどん混ぜ込んでかさ増しを！　干し椎茸、ちくわ、油揚げなど。素材の種類を増やすほど味が複雑になって、旨みが増すのもいいところです。

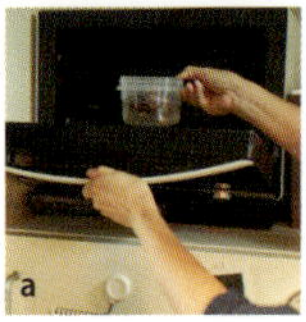

a

【作り方】
切り干し大根40g、干し椎茸5枚は水に浸して戻す。油揚げ1枚は油抜きして細切り。ちくわ1本は輪切り。ごま油で材料を炒め、だし汁と干し椎茸の戻し汁各1カップ、酒、しょうゆ各大さじ2、砂糖大さじ1を加え、落としブタをして煮る。

a. 時間がないときは、椎茸は水を張った容器ごとレンジでチンして戻す。

大豆と組み合わせておいしさ２倍
ひじきの煮物

ひじきはいくつか種類がありますが、私は細かい芽ひじきが、さっぱり仕上がるので好きです。いろいろな材料を一緒に入れますが、欠かせないのが大豆。缶詰でもいいので一緒に煮ると、こっくりとした煮豆のおいしさも味わえて、得した気分になれます。

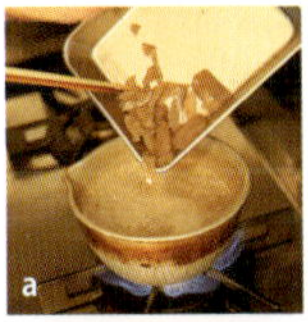

【作り方】
ひじき30g、干し椎茸４枚は水で戻し、こんにゃく½枚は下ゆでして細切りに。ちくわ１本は輪切りに。材料を炒め、だし汁と干し椎茸の戻し汁各½カップ、缶詰の大豆100g、酒、しょうゆ各大さじ２、みりん、砂糖各大さじ１を加えて落としブタをして煮る。
a. こんにゃくは下ゆでを。
b. 大豆は缶詰でOK。

定番おかずは「失敗しない」ことが大事

私が作るおかずは、2種類あります。ひとつは、実家で食べていたおかず。母の横でなんとなくその手元を見ていたり、手伝ったりしながら作り方を覚えました。それは、幼いころから自分の舌で、知らず知らずのうちに覚えた味です。実家はいりこだしだったけれど、上京してから知った鰹だしに替えたり、私はちょっと砂糖を控えたりと、多少アレンジはしていますが、実家の味が、すべてのものさしになっているなぁと思います。

もうひとつは、本やテレビで見たり、誰かのお宅でごちそうになったりして、自分で作ってみた料理です。この中から、自分の味に変換しながら繰り返し作るようになるのはほんのひと握り。その共通点は、「簡単」「おいしい」「失敗しない」の3点です。

「簡単」で「おいしい」のは当たり前ですが、意外に大事なのが「失敗しない」ということ。私は大ざっぱなので、「塩をふって30分おく」と書いてあっても、塩をパパッとふったらすぐにフライパンに直行させたり、「3回に分けて加える」というところを、一度にドバッと注いだり、ということがしょっちゅう。それでも、そこそこおいしくできる、ということが大事なのです。

さらに、微妙な火加減、味加減で、おいしさに差が出るものは無理！　シンプルな料理ほど難しいなぁと思います。

わが家の定番の炒め物は、大抵が肉や野菜を炒め、あとから合わせ調味料を加える、という作り方です。この方法だと、多少炒めすぎてもおいしく仕上がるし、合わせ調味料は大ざっぱに量ってもそんなに味に差は出ません。

反対に、何度も作って挫折しているのが、豚肉ステーキ。牛肉よりも豚肉が好きで、「焼いただけ」の豚肉ステーキが家でもおいしくできたらいいなと思うのですが、どんなに「コツ」や「ポイント」を読んで、その通りに作っても、かたくボソボソとした仕上がりになってしまいます。これはもう家で作るのはあきらめ、レストランで「豚肩ロースのソテー」というメニューがあれば必ず頼むようになりました。

こうして定番となったおかずは、どんなに時間がなくても、いい加減でも、機嫌が悪くても、作ったら「う〜ん、うまい！」と食べられるものばかり。すると、さっきまでのイライラが吹き飛んで、とたんに話が弾んだり、ワハハと笑ったり。「おいしい」力ってすごいなぁと思います。だから無理をせず、「自分が作れるおかずを作る」ことを続けていきたいなと思います。

My Viewpoint 13

失敗しない炒め物を知る

シンプルな炒め物をおいしく作るのは、実は難しいもの。
べちゃっとなったり、油っぽくなったり。
何度か失敗を繰り返し、必ずおいしくできるパターンを生み出しました。
それが、野菜や肉を炒めてから、合わせ調味料をザ〜ッと投入する方法。
少しくらい炒めすぎても、火が強すぎても、うまくいくこと間違いなし！

Ichida's cooking point 1

食べる直前に作る

Ichida's cooking point 2

器を用意しておく

自分ができることを見つけるのが近道

拙著『丁寧に暮らしている暇はないけれど。』（SBクリエイティブ刊）で、わが家の定番の炒め物3つをご紹介したら、「うちでも作って、おいしくできました！」という声をたくさんいただきました。それもそのはず、私が作るのは、誰が作っても絶対に失敗しない炒め物ですから。

「今日は、炒め物でいいや」と思う日は、大抵時間がなくて急いでいます。そんなときに失敗したら、本当にがっかり。だからこそ、「これなら大丈夫」という選りすぐりの3品を決めているのです。それが、「大根とニラと豚バラ肉の炒め物」「ナスと豚バラ肉の甘みそ炒め」「もやし炒め」の3つです。これが15分ほどでできる1軍だとすると、もう少し時間があるときに作る2軍の炒め物もあります。

「三宝菜」は、8種類も野菜を入れる「八宝菜」は大変なので、冷蔵庫に残っている野菜2～3種類で作ったときに私が勝手に命名したおかずです。豚バラ肉と野

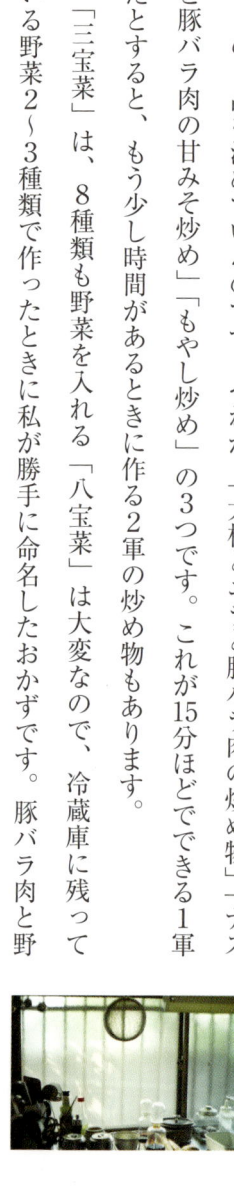

菜を炒め、鶏がらスープと合わせ調味料を投入。火が通ったら片栗粉でとろみをつけるだけ。軽く「煮込む」感覚なので、火加減や炒め具合に気をつかわなくても、フタを開ければおいしくできちゃっているという一品です。

夏によく作る「ゴーヤチャンプルー」は、ゴーヤと豚肉と豆腐を炒め、卵を加えたら、味つけはしょうゆ、みりん各大さじ2だけ。最後に鰹節をたっぷりふりかければ、「こんなに簡単で、どうしてこんなにおいしいの?」と不思議に思うほど。

豚肉のしょうが焼きは、玉ねぎやピーマンなど野菜をたくさん混ぜて作ります。コツは、野菜だけを先に炒めていったん取り出し、豚肉をじっくり焼くこと。こんがりと肉に焼き目がついたら、素早く野菜を戻し入れ、合わせ調味料をジャ〜ッ。

イマイチな仕上がりになってしまったら、どうしたら失敗しないかな?と考えます。火の通りが同じぐらいの野菜だけを使えばいいんじゃない?とか、野菜だけ先に炒めて肉をあとから炒めればいいんじゃない?とか。料理のプロから叱られそうな邪道テクかもしれないけれど、簡単においしくできれば、それが私にとっての正解! これが家庭料理のよさだよな〜と言い訳しながらいただきます。

素材を減らしてお手軽に

三宝菜

時折、あんかけ風の野菜炒めがたまらなく食べたくなります。そんなときはこれ。白菜、小松菜、白ねぎの3つの野菜だけで作るから「三宝菜」と名付けました。必ず入れるのが、うずらの卵です。野菜や豚肉の合間に卵を味わうのが楽しみ！　簡単なのに必ずおいしく仕上がります。

【作り方】

豚バラ肉100gを炒め、白菜3～4枚、小松菜½わ、白ねぎ1本を軽く炒めたら、合わせ調味料（水1カップ、鶏がらスープの素小さじ2、酒、薄口しょうゆ各大さじ2）を加える。煮立ったら、水で戻したきくらげひとつかみ、うずらの卵6個ほど（缶詰を利用）を加えてフタをし、火が通ったら、おろししょうがを加え、水溶き片栗粉でとろみをつける。

a. 野菜や肉は少し炒めたら合わせ調味料を加えて火を通す。

鰹節が味の決め手

ゴーヤチャンプルー

忙しくて、あれこれ作っている暇がないという日に、ひと皿で肉も野菜も豆腐もとれるゴーヤチャンプルーは、まさに完璧なおかずです。調味料はしょうゆとみりんだけですが、ポイントは最後にふりかける鰹節。ぐんと味にコクが生まれます。

【作り方】
ゴーヤ1本は種を取り薄切りにする。卵1個を溶いて炒めたら取り出しておく。豚バラ肉100gをひと口大に切って炒め、ゴーヤ、さいの目に切った木綿豆腐½丁を炒める。卵を戻し入れ、しょうゆ、みりん各大さじ2で味つけする。器に盛って鰹節をふりかける。

a. ゴーヤは塩をふって少しおき、水気をよく絞る。

キャベツのせん切りを必ず添えて

豚肉のしょうが焼き

【作り方】
玉ねぎ¼個とにんじん¼本の薄切りを炒めて取り出しておく。豚肩ロース薄切り肉250gを焼き、野菜を戻し入れ、しょうゆ、みりん各大さじ2、酒大さじ1、砂糖小さじ1とおろししょうが大さじ1を加えて味をつける。
a. 肉はフライパンに入れたら、いじらずそのままじっくり焼く。**b.** 玉ねぎとにんじんをフライパンに戻す。

失敗しないためのコツは、豚肩ロース薄切り肉を使うこと。ロース肉だとかたくなるし、豚バラ肉だと脂っぽくなります。多少高価ですが、私は野菜も一緒に炒めるので、肉は少量でもＯＫ。肉には下味をつけず、香ばしく焼いたあとで調味料を加えます。

大根をモリモリ食べたい日に

大根とニラと豚バラ肉の炒め物

大根の煮物を作る時間がない、という日の定番メニュー。ポイントは、合わせ調味料を加えたらフタをして蒸し焼きにすることと、最後にニラを入れること。これで断然おいしくなります。たくさん作って何日か食べつなぎます。

【作り方】

ごま油で豚バラ肉200gと大根⅓本を炒め、調味料（酒、みりん、甜麺醤、オイスターソース各大さじ1、しょうゆ小さじ1）を入れ、ニラを加える。

白いご飯にぴったり！

ナスと豚バラ肉の甘みそ炒め

豚バラ肉の脂とナスの相性がバッチリ！　甜麺醤《テンメンジャン》は、あっという間に甘みそ炒めができるので常備しておきたい調味料です。濃いめの味つけですが、最後にしょうがを少し加えるとさわやかに。ご飯が進みます。

【作り方】

豚バラ肉100gとナス４本を炒め、合わせ調味料（砂糖、酒、みりん、しょうゆ各大さじ½、甜麺醤大さじ2、おろししょうが少々）を加える。

My Viewpoint 14

困ったには豚肉マキマキ

野菜を豚肉で巻いて焼く。
それを「豚肉マキマキ」と名付けました。
盛りつけた姿がころんとかわいくて、
お手軽料理のわりには、ごちそうに見えるのがいいところ。
こんなものも巻くの？という組み合わせを考えるのも楽しいものです。

Ichida's cooking point

1

豚バラ肉を使う

気分が乗らずに作っても、それなりにおいしい！

「今日は何にしようかな」と考えても、何も思い浮かばない日。何も作る気がしない日。そんな日には迷わず「豚肉マキマキ」にします。どうするかというと――豚バラ薄切り肉で野菜を巻いて、フライパンで焼き、しょうゆとみりんで味つけするだけ。冷蔵庫の中にあったものを巻いて焼くだけなので、な～んにも考えないできちゃうラクチンおかずです。

アスパラやさやいんげんを巻くときは、コリッとした歯ごたえが残るように下ゆでして。椎茸やエリンギは、下ゆでなしでできるのでより簡単です。おすすめは、えのき茸。シャキシャキした独特の歯ごたえで甘辛味がよく絡みます。

春先なら新玉ねぎを巻きます。弱火でゆっくり焼くと、甘みが出てトロッとした味わいでおいしい！　ちょっと変わったところだとアボカドでも。火を入れるとねっとり感がアップして甘辛じょうゆ味ともよく合います。

作り方は極めて簡単なのに、巻く野菜によって、まったく違うおかずになるのが、この料理のおもしろいところ。ポイントは、味つけをする前にフライパンで豚肉をよく焼くこと。あまり動かさず、焼き色がついて、脂がジリジリいいだすまでじっと我慢。カリッと仕上がったら初めて調味料を投入します。生焼けの状態で味つけを始めてしまうと、脂っぽい仕上がりになったり、豚の臭みが残ったりするので、急いでいても、ここは深呼吸してじっくり待ちます。甘辛タレは、私はいつも、しょうゆとみりんを1対1の割合で作ります。冷めてもおいしいので、多めに作っておけば、お弁当のおかずにもなります。

この「豚肉マキマキ」を、塩をふって網焼きにするのもおすすめ。煙がモクモク出ますが、それにめげず網の上で転がして焼きます。直火で焼いた豚肉の味は格別！シンプルなのに焼き鳥屋さんのようなプロっぽい味になります。

その日の疲れ具合や、使える時間によって、「今日は何を巻こうかな？」と考えます。でも、どんな食材でも、調理法でも、必ずそれなりにおいしく仕上がってくれるお助けおかずなのです。

歯ごたえもごちそう
えのきの豚肉巻き

きのこ類は、生のまま巻いて焼くだけなので、いろいろ試してみました。その中で一番おいしいな、と思ったのがえのき茸。焼くと、シャキシャキした歯ごたえの奥深い味わいに。1パックで、豚肉巻きが10本くらいでき、食べごたえのある一品になります。

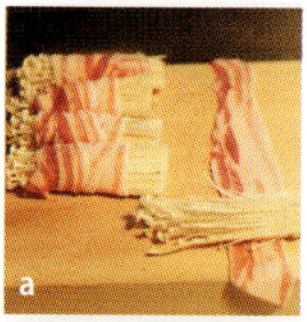

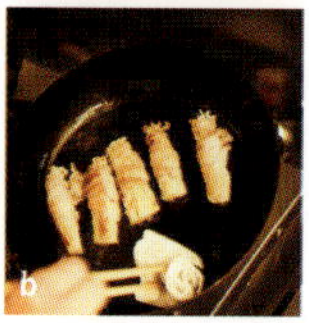

【作り方】
えのき茸を豚バラ肉で巻いて焼き、しょうゆ、みりん各大さじ１で味をつける。
a.えのき茸を小房に分けて豚バラ肉できっちり巻く。**b.**全体に焼き目をつけたら、脂を拭き取ってから調味料を入れる。

新玉の甘みを生かして
玉ねぎ巻き

春先に新玉ねぎが出るとよく作ります。玉ねぎが豚肉の脂を吸って、玉ねぎ本来の甘みもプラスされ絶妙な味に。豚肉だけが先に焼けてしまわないように、弱火でゆっくり玉ねぎまで火を通すのがコツです。

【作り方】
新玉ねぎを豚肉で巻いて焼き、しょうゆ、みりん各大さじ1で味をつける。

ねっとり感がたまらない！
アボカド巻き

「アボカドに火を通したらおいしいよ」と知人に聞いて、やってみたのがこれ。ひと口食べると中からねっとりしたアボカドが出てくる、小じゃれた一品です。しょうゆやみりんを使わず塩だけで仕上げてもおいしい。

【作り方】
アボカドを輪切りにし、豚肉で巻いて焼き、しょうゆ、みりん各大さじ1で味をつける。

長いまま巻いて網焼きに

アスパラ巻き

【作り方】
アスパラガスをかためにゆで、豚バラ肉を巻き、塩をふって網焼きにする。
a. アスパラガスを長いままゆでるにはフライパンが便利。

鶏の手羽中や、豚バラの塊肉など、肉に塩をふって網焼きにするのが好きです。「豚肉マキマキ」も網で焼いてみると、香ばしいあとを引くおいしさに。しっかり焼き目がついてからひっくり返すのが、網にくっつかないポイント。

きのこの旨みが引き立つ
椎茸巻き

椎茸やエリンギも、網焼きにすると、独特の甘みが引き出されておいしくなります。フライパンで甘辛く味つけするのもいいですが、網焼きにすると素材の味がより引き立ちます。ポイントは、塩をやや多めにふること。ビールのおつまみにも。

【作り方】
椎茸を半分に切り、豚バラ肉で巻いて、塩をふって網焼きにする。
a. 椎茸は、大きめに切って巻くと食べごたえがある。

器選びと盛りつけで、実力以上のおいしさに

料理ができあがるころ、夫に「お皿出してきて～」と頼みます。夫は私が作っているものをチラリと見て、「どんなんにする?」と尋ねるけれど、毎日焦りまくってドタバタごはん作りをしている私は「なんでもいい!」とつっけんどんに答えます。最初のころは、「これ?」と出してきてくれた器に「これじゃあダメ!」とやり直しを命じることがほとんどでしたが、最近は「お～、これこれ!」というものを持ってきてくれるようになりました。

OKかどうかは、サイズ感が合っているかどうかです。わが家は、大皿料理をめいめいが皿に取り分けて食べるスタイルなので、おかずは大抵大鉢や大皿に盛りつけます。そんなとき、おかずに対して2倍以上の大きな器を選ぶのがおいしく見せるコツ。たかが肉じゃがでも、「これでもかっ!」という大きな器に盛ると、まわりの余白がおかずを美しく引き立てて、おいしさが2割増しに見えるというわけです。

さらに、大皿を買うなら深さがあるものがおすすめです。煮物やラタトゥイユなど、家庭料理には「汁気」が多いもの。深さがあれば、どんな料理でも引き受けてくれます。サラダや炒め物でも、傾斜のある深皿なら、鍋

やサラダスピナーから、ドバドバッと移し替えるだけで、自然に立体的に収まって、それなりにサマになります。

揚げ物は、木の器やざるなど湿気を吸い取ってくれる素材の器に盛ります。適度な調湿効果があるので、器にベチャッとくっつくことなく、揚げたてのカラッと感が長持ちしておいしくいただけます。

平皿に盛りつけるときは、「中高《なかだか》に」を心がけます。ピラミッドのように「中」が「高く」なるように、サラダの葉っぱを中央にふんわりのせたり、切った春巻きの重ね方を菜箸でチョチョッと調整したり。このひと手間で、実際より数倍おいしそうに見えるから、しない手はありません。

器の形や素材感も大事な要素。丸いお皿が多くなりがちなので、オーバル形や長方形の器をプラスすると、食卓の上で器と器がうまく配置でき、バランスよく収まります。さらに、サラダや和え物などはガラスの器に。透明でキラッと光るガラスが加わると、食卓が華やかになります。

私はこの最後の盛りつけが大好きです。器を替えれば同じおかずもまったく違って見えるし、自分が作った普通のおかずでも器の力でごちそう風になってワクワクしてきます。見た目が変わると、おいしさだって、きっと変わると思うのです。

My Viewpoint 15

和え物はパターン化する

調味料にごまやピーナッツなどの風味豊かな食材を足したり、
塩麹とごま油を組み合わせたり。これで野菜を和えると、
素材と素材が引き立て合って、やさしい味になります。
手を使って和えるのが、上手に味を絡めるポイント。
おいしいパターンを覚えれば、副菜作りがラクチンに。

Ichida's cooking point 1

ごまで和える

Ichida's cooking point 2

ピーナッツバターで和える

Ichida's cooking point 3

おいしい調味料を知る

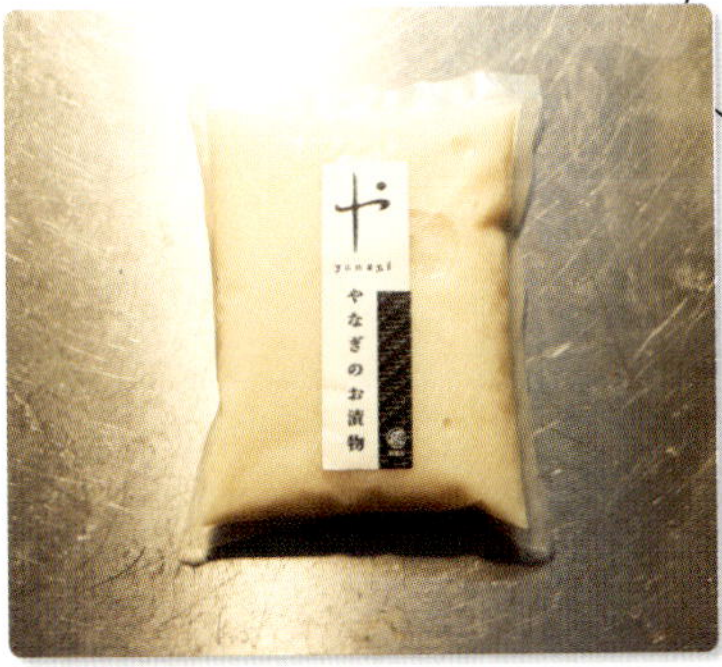

副菜は時間をかけずにチャチャッと

忙しい日は、メインのおかずを作るだけで精いっぱい。副菜作りまでなかなか頭が回りません。そんなとき、和え物のパターンをだいたい決めておくと、ぐんとラクになります。基本はごま和えです。しょうゆ1、みりん1の割合で、そこにすりごまや練りごま、ピーナッツバターなどをプラスして、野菜を和えるだけ。何をプラスしても、そこそこおいしくなるのがいいところ。ちょっとマヨネーズを入れるとこってりした味わいになるし、酢を加えるとさっぱり味に。シンプルなごま和えですが、奥が深いのです。ほうれん草や春菊だけでなく、キャベツやブロッコリーでもよし、白ねぎのごま和えもおいしい！　きのこ類を網焼きにして加えると、また違った味わいが楽しめます。

次によく作るのが、塩麹とごま油の組み合わせ。これで生野菜を和えると、大抵おいしくなります。きゅうりとアボカドでもいいし、トマトとオクラでも。冷蔵庫

の中にあった野菜を適当に切って和えるだけなので、困ったときとても助かります。ごま油をオリーブ油に替えると、ちょっとさっぱりした味になります。

しょうゆと酢、ごま油かオリーブ油を基本に、ちょっとピリッとする柚子こしょうや練りからし、わさびなどを加えて野菜やくだものを和えると、箸休めにぴったりのおかずになります。かぶと柿だったり、山いもだったり、さやいんげんだったり。葉物野菜というより、歯ごたえがあるものが向いている気がします。

何を作るか道筋が見えていないと、とたんに気が重くなるもの。しょうゆとみりんだけでいい。そこにごまやマヨネーズを適当に足せばいい。そんな行程が見えると、「あとは、ほうれん草をゆでるだけでできるじゃん！」と、できあがりまでの時間の目安が立ち、心が軽くなります。

メイン料理を作っている間にチャチャッとできちゃうこと。それが副菜作りになくてはならないポイントです。パターンを把握すれば、手際がよくなり、時短になる。そんなよい循環が生まれたとき、億劫《おっくう》さが吹き飛びます。

網焼きにしたエリンギがおいしさのもと！

ほうれん草とエリンギのごま和え

エリンギは、網で焼くと甘みが増して別ものに。ゆでたほうれん草と組み合わせると、いつものごま和えがバージョンアップします。ほうれん草の水気をちゃんと絞ることが、水っぽくならずおいしく仕上げるための、小さいけれど大事なポイントです。

【作り方】
エリンギは細く裂いて網で焼く。ほうれん草はゆでて水気を絞り、しょうゆ、みりん各大さじ1、すりごまで和える。
a. エリンギは網で焦げ目がつくまで焼く。

メインにもなるこってりおかず

キャベツと豚肉のピーナッツ和え

豚しゃぶをごまポン酢で食べるなら、ごま和えでもおいしいかも？と思いついたのがこれ。まずはキャベツをゆで、その同じ鍋で豚バラの薄切り肉をさっとゆでて。ごま和えでもいいし、ちょっとこってり仕上げたいときは、ピーナッツバターを使います。

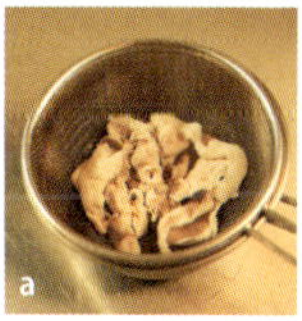

【作り方】

キャベツと豚バラしゃぶしゃぶ用肉をゆでて、しょうゆ、みりん、ピーナッツバター同量ずつで和える。

a.豚肉はよく水気をきって。

3分でできちゃう！

アボカドときゅうりの塩麹和え

もう今日はピンチ！という日は、きゅうりを叩き割ってアボカドを加えて和えるだけ、という一品をよく作ります。大事なのは、おいしい調味料を使うこと。私は、新潟の「柳醸造」の塩麹と、「オーサワ」の風味豊かでコクのあるごま油を使っています。

【作り方】

きゅうりを叩き割り、アボカドをひと口大に切って、ごま油と塩麹（各適量）で和える。

a. 調味料で味が変わるので、好みのものを揃えておくことも大事。

ピリッとした辛味がやみつきに

かぶと柿のサラダ

【作り方】

かぶ２個、柿１個を、酢小さじ2、薄口しょうゆ、ごま油各小さじ1、柚子こしょう少々で和える。

a. 柚子こしょうが隠し味。

野菜にくだものが混ざるのが嫌いな夫も、これだけはお気に入り。少しかための柿で作るのがおすすめです。ピリリと辛い柚子こしょうが、ほんのり甘い柿とかぶの味を引き立てます。ゴロンと大きめにカットしてもよし、薄切りにして和えてもまた違ったおいしさに。

My Viewpoint 16

考えるのが面倒なら、じゃがいも料理

これはおいしい！というじゃがいも料理を決めておくと、
買い物に行けない日や、作るものに迷った日に助かります。
ゆでてポテトサラダに、つぶしてマッシュポテトに。
手の加え方によって違うおかずになるので、
毎日じゃがいも料理が続いたってへっちゃらです。

Ichida's cooking point

1

切ってからゆでる

キッチンに必ずあるじゃがいもだから

作るものに迷ったら、家に必ず2〜3個は転がっているじゃがいもに助けてもらいます。まずは皮をむき、4等分ぐらいにカットして鍋に入れ、ひたひたの水を注ぎます。本当は、丸ごとじっくりゆでたり蒸したりしたほうがおいしいとわかってはいるのですが、そうすると時間がかかってしまうのでパス！　ゆであがったら、ポテトサラダにするもよし、マッシュポテトや粉ふきいもにするもよし。いろいろと展開できるのがいいところ。

私は、マッシュポテトが大好きです。ゆであがったじゃがいもを、まだ湯気が出ているうちにマッシャーでつぶし、バターの塊《かたまり》をドサッと投入。ここで「こんなに？」というぐらい多めに入れるのが、〝たかがマッシュポテト〟をごちそうに格上げするポイントです。豆乳を加えてちょっとゆるめにトロリと仕上げれば、器ごと抱えて食べたくなるほどのおいしさです。

少し多めに作れば、2日目はまた別のお楽しみが待っています。マッシュポテトに明太子を混ぜ、耐熱皿に盛って、上から溶けるチーズをかけます。これをオーブンで焼くと、ほっくりとした明太マッシュのグラタンに。ついつい食べすぎてしまう、わが家の定番おかずです。

ポテトサラダは、いろいろな作り方を試しましたが、今一番おいしいと思っている組み合わせが、スライスした玉ねぎ＋ピーマン＋ツナ缶というもの。玉ねぎのシャキシャキ感と、ピーマンの苦味、ツナ缶のこってり感がベストマッチ！　メイン料理としても通用するボリューム感です。でも、「今日はまったく時間がない！」という日は、必殺「らっきょうポテサラ」に。らっきょうを刻んで加え、マヨネーズで和えるだけ。らっきょうがいい働きをしてくれます。

このほか、カリッと揚げて塩をふっただけのフライドポテトも絶品だし、せん切りにしてフライパンに敷き詰め、上から押さえながらカリカリに焼くとハッシュドポテト風に。キッチンの片隅に転がっていたじゃがいもで、おいしいひと皿、ふた皿ができあがると、なんだか得した気分になります。

バターてんこ盛り！が決め手

マッシュポテト

トロッとやわらかいマッシュポテトが好きです。ちょっと後ろめたくなるほどバターを大量に入れると、風味も抜群でおいしさが倍増！ 作りたてを温かいうちに食べると絶品で、ついたくさん食べすぎてしまいます。

【作り方】

じゃがいも３個の皮をむいて切ってゆで、マッシャーでつぶす。熱いうちにバター30gを加えてよく混ぜ、豆乳を少しずつ加えながら好みのかたさに練る。塩少々で味をととのえる。

a. バターはじゃがいもが熱いうちに加えて余熱で溶かす。

混ぜて焼くだけ
マッシュ明太子グラタン

マッシュポテトが残ったら、翌日に必ずグラタンを作ります。そのままチーズをかけて焼くだけでも十分おいしいのですが、明太子を加えると、変化がついてごちそうに。これを食べたいが故に、あえてマッシュポテトを多めに作るぐらいです。

【作り方】
154ページのマッシュポテトに明太子ひと腹を加えて混ぜ、耐熱容器に入れて溶けるチーズをかけ、オーブン（230度）で20分ほど焼く。
a.明太子は意外に味を主張しないのでたっぷりと！

大きくゴロンとカットして

ポテトサラダ

a

【作り方】

じゃがいも3個は切ってゆで、玉ねぎ½個は薄切りにして水にさらし、ピーマン3個は細切りにする。すべてを合わせてツナ缶を加え、マヨネーズ大さじ4、酢大さじ1、塩、こしょう少々で和える。

a. ピーマン、玉ねぎは細切りに。ツナ缶は水気をきって加える。


その家庭よってポテトサラダの作り方が違っておもしろいなぁと思います。私は、合わせる素材の個性が強いほうが好き。ピーマンやツナの味がちゃんとすると、「ポテトを食べている」というより「サラダを食べている」感覚になります。酢を少し加えるのがポイントです。

らっきょうの威力にびっくり！

らっきょうポテサラ

あれこれ具を用意するのが面倒なときは、らっきょうを刻んでポテサラを作ります。これがびっくりするぐらいおいしい！らっきょうの少しクセのある味や香りがマヨネーズとよく合い、深みのある味わいになります。

【作り方】
じゃがいも２～３個を切ってゆで、らっきょう10粒ぐらいをみじん切りにして加え、マヨネーズ、塩、こしょうで和える。

皮つきが断然おいしい

フライドポテト

知ってはいたけれど、あまり作ったことがなかったフライドポテト。「腹が減った」という夫のためにと作ってみたら、以後やみつきに。とくに新じゃがの季節には、皮ごと揚げて塩をふれば、いくつでもいけます。

【作り方】
じゃがいもを半分に切り、180度の油で竹串がすっと通るまで揚げ、塩をふる。

スポンジは朝までカラッと乾かして

来客時や撮影のときは隠していますが、わが家のキッチンには、いつも洗濯用の小さなピンチハンガーがふたつ、ぶら下がっています。ひとつはシンクのすぐ上に。ここには、一日の終わりに、スポンジやたわしを吊るしておきます。シンク内にスポンジ置きを取り付けてはいるけれど、ずっと置きっぱなしだとカラッと乾かないので、寝る前にすべて吊り下げて乾かすスタイルにしました。

拙著『明日を変えるならスポンジから』（マイナビ刊）を出したとき、いろいろな人が、「私はこんなスポンジ使っています」と教えてくれました。そんなとき、ある人から「そのスポンジ、乾きやすいですか？」と質問されたのです。

泡立ちやすさ、持ち心地、泡切れのよさ、などばかりチェックしていたけれど、たしかにスポンジって「早く乾く」ことも大事だなと、このとき初めて気づきました。いろいろな汚れを落とすスポンジやたわしには、雑菌がたまりやすいもの。濡れたままだとそれが繁殖しそう……。

そこで、スポンジ選びはもちろんですが、「使ったあと」の乾かし方を考えるように。あれこれ試行錯誤した結果、「吊り下げておくのが一番！」という結論になったというわけです。今では朝、カラッと乾いたスポンジを手に一日を始めるようになりました。もうひとつのピンチハンガーは吊り戸棚の下に。ここには一度使って洗った「ジップロック」の袋を吊るしています。

キッチンの清潔感を保つのに「カラッと乾燥させる」ことは、私にとってとても大事です。というのも、こまごま掃除するのがキライだから。少しでも水分が残っていると、たちまちヌメッとなったり、嫌な匂いがしてきたり。それをいちいち洗い落とすのは面倒く

鍋や調理道具は、洗って拭いたらキッチンさい！

ワゴンの上に重ならないように並べて朝まで放っておきます。水切りかごもさっぱりと拭きあげて、シンクの扉に引っかけて干します。排水溝のトラップやごみ受けバスケットも、洗ったら、シンク上に並べておきます。

器は、夕飯後に洗って拭いたら、食卓の上にずらりと並べておき、朝しまいます。土鍋やせいろなど、なかなか乾かないものは、廊下に専用のかごを置いて、そこに2～3日放りっぱなしにしてから片づけます。こまごま掃除をしたり手入れをしなくても、ほったらかしで「きれい」をキープできる。「乾かす」という作業は、ズボラな私にとってなくてはならない習慣です。

My Viewpoint 17

ほめられおかずを作る

時間に余裕がある日に、いつもより30分ほど多めの時間で作るのは、
夫や来客に評判がいい、わが家流のごちそうです。
料理は、見栄を張って作るものではなく、
誰かに喜んでもらうもの。
だからみんなが「おいしい！」と声を揃える定番を何度も作ります。

Ichida's cooking point 1

中身だけ作っておく

Ichida's cooking point 2

大きな器に盛る

誰かが食べてくれる様子を想像しながら

「今日は早く帰れそう」という日や、ゆっくり夕飯の準備ができる休みの日、いつもより、ちょっと手がかかるおかずを作ります。といっても、基本的に面倒くさがりの私なので、どれも1時間ほどで仕上がる程度の料理です。時には、昼間に半分ぐらい下ごしらえをしておいて、ちょっとテレビでも見ながら休憩して、最後の仕上げに取りかかることも。

時折、友人を招いて一緒にごはんを食べますが、そのとき作るのも、いつも食べているメニューです。かつては、はりきって料理本を見ながら、ちょっと小じゃれた料理を作ったこともありますが、やっぱり作り慣れたいつものおかずのほうがいいのです。和食やアジア料理が中心で「茶色い」おかずが多くなりますが、誰に出しても「おいし〜」とほめてもらえるものを繰り返し作るようになりました。

春巻きやシュウマイなど、炒める→包む→揚げる、蒸す、と3〜4ステップで作

る料理は、手間がかかっている風に見えるもの。さらに、揚げたてをざるにのせたり、食卓の上でせいろのフタを開けて湯気がふわっと立ち上ったりと、「おいしい演出」ができるのも、ほめられポイントです。

やはり、料理は「おいしいね」と言ってくれる人がいて、上達するものだと思います。わが家では、私は薄味好みですが、夫はこってりとした味が好き。一緒に暮らし始めたころは、薄口で仕上げた煮物に、しょうゆをかけて食べる夫に激怒したものです。いくら自分がおいしいと思っても、一緒に食べる人が「おいしい」と言ってくれないと意味がない……。そこで、二人の「おいしい」の接点を探して作るようになりました。

一緒に「おいしい体験」を積み重ねていくと、次第に「舌」が同じになってきます。次第に「いまいちだったね」「また食べたいね」というジャッジがピタリと一致するようになりました。今は、「これだったら好きそう」とストライクゾーンがわかります。「ほめられる」という体験は、独りよがりを抜け出して、誰かと一緒に幸せになるための、魔法なのかもしれません。

せいろごと食卓へ

シュウマイ

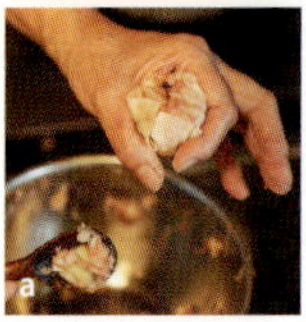

【作り方】
豚ひき肉300gに、玉ねぎ½個、椎茸4枚、刺身用のホタテ貝柱3個をみじん切りにして加える。酒大さじ1、砂糖小さじ1、しょうゆ小さじ2、塩、こしょう少々、片栗粉大さじ2を加えて混ぜる。皮に包み、湯気の上がったせいろで9分ほど蒸す。
a. 手で輪を作り、ギュッギュッと握るように押しながら形をととのえる。

わが家のシュウマイは、ビッグサイズです。というのも、豚ひき肉に、椎茸やらホタテやらを刻んでどっさり入れるから。せいろごと食卓に運んで、フタを開けると湯気がふわり。蒸したては何よりのごちそう。キャベツを敷くと皮がくっつくこともありません。

サクッ、パリッとおいしい
春巻き

母直伝の春巻きは、わが家のおもてなしには欠かせない一品です。餡《あん》にしっかり味つけをするので、何もつけなくてもおいしく食べられます。皮で巻いて揚げるという手間はかかるけれど、揚げたてをサクッという音を立てながら食べるところを想像しながら、いそいそと作ります。

【作り方】
豚薄切り肉100gは細切りにし、塩、酒、こしょう、ごま油各少々、溶き卵大さじ1、片栗粉小さじ2で下味をつける。干し椎茸は水で戻して細切りに、たけのこも細切りにする。材料をすべて炒めて椎茸の戻し汁を入れ、しょうゆ大さじ1、砂糖小さじ1、酒小さじ2を加え、最後にニラ1束を切って加え、水溶き片栗粉でとろみをつける。春巻きの皮で巻き、油でからりと揚げる。
a. 具は冷めてから巻く。

キムチの旨みをソースに

キムチハンバーグ

夫から「アレ食べたい！」とリクエストされる確率が多いのがこれ。ハンバーグを焼いたあとに、キムチを炒めて、専用のタレを作って絡めます。単なるハンバーグより3工程ぐらい多くなりますが、「うまいなぁ」とモリモリ食べてくれるので、ついまた作りたくなります。

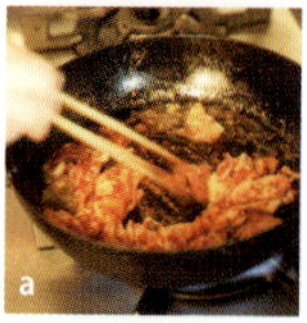

【作り方】

牛豚合いびき肉300gに、玉ねぎ½個をみじん切りにしてレンジで加熱して加え、溶き卵½個分、パン粉大さじ3、塩、こしょう少々、酒大さじ2を加えて粘りが出るまで練る。ひと口大に丸めてフライパンで焼いたら取り出す。キムチ100gを炒め、合わせ調味料（酒、みりん各大さじ2、砂糖大さじ3、しょうゆ½カップ、長ねぎのみじん切り½本分、おろしニンニク）を加えてとろみが出るまで煮込む。ハンバーグを戻し入れて絡める。

a. キムチは火を通すと甘みが増す。

ちょっと頑張るおもてなし料理

パプリカムース

朝起きて、冷蔵庫をそっと開け、グラスを揺すって固まっているとワクワクします。面倒くさがりの私が、唯一、前日から作りおくのがこのムース。お客様を招いたときや、記念日に。パプリカとすりおろしトマトの赤い色がなんとも華やかで、気分を盛り立ててくれます。

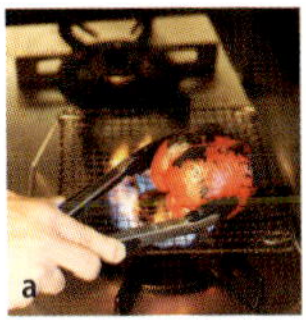

【作り方】

パプリカ１個は直火で皮が真っ黒になるまで焼いてむく。乱切りにして、豆乳½カップ、砂糖小さじ１、塩小さじ１と一緒にミキサーにかけ小鍋で温める。粉ゼラチン５ｇを加えて混ぜ、生クリーム½カップを加える。グラスに注いで冷蔵庫で一晩冷やし固める。仕上げにトマトをすりおろして上にかける。

a. パプリカは皮を真っ黒に焼くとポロポロとむける。

My Viewpoint 18

デザートは一週間分を作りおく

なくてもいいけれど、あったらうれしい。
そんなスイーツを手作りするなら、なるべく長持ちさせたいもの。
そこで、まとめて作りおけるもの、
保存がしやすいものを考えました。
食後のデザートタイムは、一日頑張って働いたごほうびになります。

Ichida's cooking point

1

あずきは1袋分煮る

「ごちそうさま」のそのあとに

夕飯は腹九分で止めておきます。残りの一分は食後の甘いものにとっておく……。メインのごはんが終わったら、コーヒーやほうじ茶を淹れて、ほんのちょっとでいいので甘いものを食べてシメると、「あ〜、今日もおいしかった！」と満足度が120％になります。

市販の羊羹やクッキーを買いおくこともあるけれど、デザートは家で作るほうが、断然安上がりだしおいしいと思います。ただし、忙しい毎日では夕飯作りだけでも四苦八苦なのに、デザートまでなかなか手がまわりません。そこで、作るときは一週間分まとめて。私は大抵、「野田琺瑯」の深型Lサイズの「レクタングル」いっぱいに作りおき、それを毎日ちょっとずつ食べつなぐ、という感じ。この容器は、ボウル代わりにゼリーの材料を混ぜたら、フタをしてそのまま冷蔵庫で冷やし固め、さらには保存も可能と、ひとつで2役も3役もこなしてくれるので大助かり。オー

ブンにもかけられるので、りんごとさつまいものオーブン焼きは、薄型の「レクタングル」で焼いて、冷ましてそのまま冷蔵庫へ。食卓へ運んでも、シンプルなので目障りになりません。

よく作るのは、朝食にも食べる旬のくだもののコンポートやゼリー。ゼリーは、梅シロップや黒糖、果汁100％のジュースがあるときに。冬のりんごの季節には、丸ごと焼きりんごにしたり、薄くスライスして焼いたり。小麦粉やバターをたくさん使うお菓子より、くだものをさっと煮たり、焼いたり、つるんと入るゼリーのほうが、食後には食べやすいようです。

和風の甘いものも大好きです。あずきは、水で戻す手間いらずで、火にかけっぱなしでできるので、1袋分をまとめてコトコト煮ておきます。ぜんざいには、白玉団子も欠かせません。ただ団子をそのつど作るのは面倒で、どうしよう？と悩んだ結果、まとめて作って冷凍しておくことにしました。

「ごちそうさま」と手を合わせると、いそいそと冷蔵庫へ。例の琺瑯容器を出してきて、小皿にちょこっと盛って、至福のスイーツタイムを過ごします。

ヨーグルトクリームがポイント！
イチジクコンポート

季節ごとに桃や洋梨、イチジクなどでコンポートを作ります。イチジクなら一度に8個と大量に作り、毎日飽きずにいただきます。水切りヨーグルトとはちみつで作るクリームをのせれば、パフェっぽい仕上がりに。食後のデザートタイムが楽しみになる一品です。

【作り方】

イチジクは熱湯に１分ほど浸けて皮をむく。白ワインとグラニュー糖各½カップで煮る。ヨーグルトは一晩水切りをし、はちみつを加えて混ぜる。

a. コーヒーフィルターを使ってヨーグルトの水切りを。**b.** 煮汁と一緒に保存する。

a

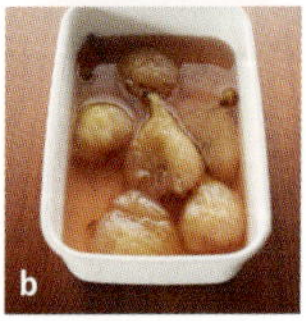
b

ほんのり甘くてやさしい味
黒糖ゼリー

知人に教えてもらい、ゼリーを作るときにゼラチンではなく、海藻やマメ科の種子から取れるアガーを使うようになりました。透明度が高いのが特徴なのだとか。黒糖ゼリーは甘すぎず、コクがあります。「野田琺瑯」の容器に作りおきし、少しずつスプーンで取り分けます。

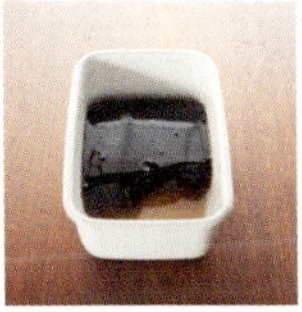

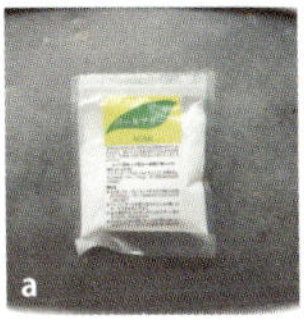

a

【作り方】

水2カップに黒糖90gを入れて温め、アガー大さじ2を加えて混ぜる。完全に溶けたら容器に移して冷蔵庫で冷やし固める。

a. アガーは、常温でも溶けないのがいいところ。

アイスクリームにかけても
白玉ぜんざい

あずきは水で戻す必要がなく、1袋を鍋にざざっと開けて、水を加え、コトコト1時間ほど煮るだけでいいので、想像以上に簡単。やわらかくなったら最後にグラニュー糖を加えて仕上げます。部屋中にあずきを煮る香りが満ちてくると、ほっこり幸せな気分になります。

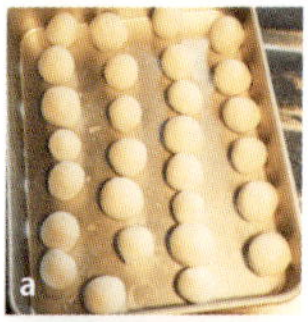

【作り方】
あずき300gに水4カップを加え、50分～1時間ほど弱火で煮る。グラニュー糖250gを3回に分けて加え、艶が出るまで煮る。仕上げに塩少々をふる。白玉粉で団子を作り、一緒に器に盛る。**a.**ゆでたての白玉団子は、互いにくっつきやすいので、バットに離して並べて冷凍する。**b.**凍ったら保存容器にまとめる。

みんな大好きな黄金の組み合わせ
りんごとさつまいものオーブン焼き

りんごとさつまいもを薄く切り、グラニュー糖とバターをのせて焼くだけなのに、とびきりおいしいデザートになります。さつまいもはキメが細かくて、しっとりなめらかに仕上がるシルクスイートがおすすめ。一度しまったのにまた出してきて食べたくなる一品です。

【作り方】
紅玉とさつまいもを薄く切り、交互に並べる。グラニュー糖をふり、バターを小さく切ってところどころにのせ、220度のオーブンで30分ほど焼く。

a. 琺瑯の容器は、そのままオーブンに入れられ、冷ませば保存容器にもなって便利。

私は自分のキッチンが、なんとなく気に入っています。隅々まで整理整頓されているわけでも、スタイリッシュなわけでもないけれど、「いいカッコしい」の私にしてはめずらしく、「誰かに見せるため」ではなく、「自分が使うため」にあれこれ工夫して作った場所だから。

キッチンにあるものには、すべて「そこにある」理由があります。だしや余った食材をすぐしまえるように、かごの中には「ジップロック」のスクリュー式保存容器をサイズ別にずらりと並べて。酒やしょうゆを移し替えた保存びんは、トレイごと持ち上げて拭き掃除ができるよう、アルミのトレイにひとまとめに、といった具合です。

ドタバタと食事のしたくをするとき、使いやすいように。そして、面倒くさがりの私でも、しまいやすいように。キッチンから、毎日の夕飯作りが透けて見えてくる――そんな飾り気のない姿こそ、愛すべきキッチンなんだと、このごろ思えるようになりました。かわいいキッチン雑貨なんてひとつもないけれど、使う姿がそのままましまう姿になっている。そんな実直なキッチンが好きだなぁ～と思うのです。

キッチンワゴンが中枢基地

数年前に「イケア」でキッチンワゴンを買ってから、キッチンの動線がぐんとよくなりました。
「無印良品」のワイヤーかごを組み合わせて。ひとつの目的にひとつのかご、
と分類したのが使いやすさの決め手です。

居間側

食材の保存用のグッズを中心に。「野田琺瑯」の容器は残ったおかず用。「ジップロック」のスクリューロックはだしなどの汁物用。右下には洗剤や掃除グッズを。

キッチン側

シンクに出して使うものを中心に。毎朝スムージーを作るジューサー、根菜類などもここに。オーブントースターはここに入るミニサイズを探して「デロンギ」をチョイス。

「ジップロック」のスクリューロックやジップロックコンテナーは、フタと本体を別々にしたほうが、かさばらずに整理しやすい。

パン皿や、紅茶を入れるポットなど、朝食グッズはまとめて。紅茶やコーヒー豆を保存する茶筒は京都の「開化堂」で買ったもの。

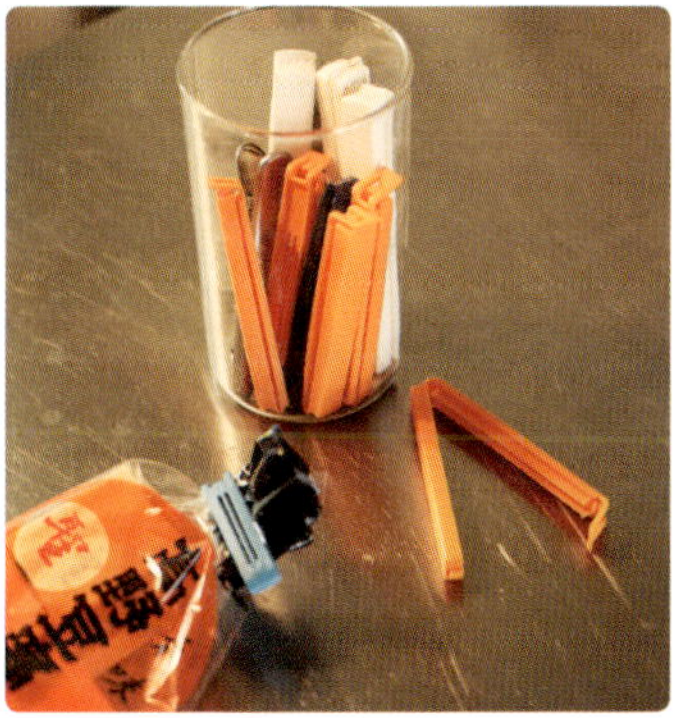

食材の封を切ったあとに密封する保存クリップも、びんにひとまとめにして、ワゴンのキッチン側へ。手を伸ばせばすぐに取れて便利。

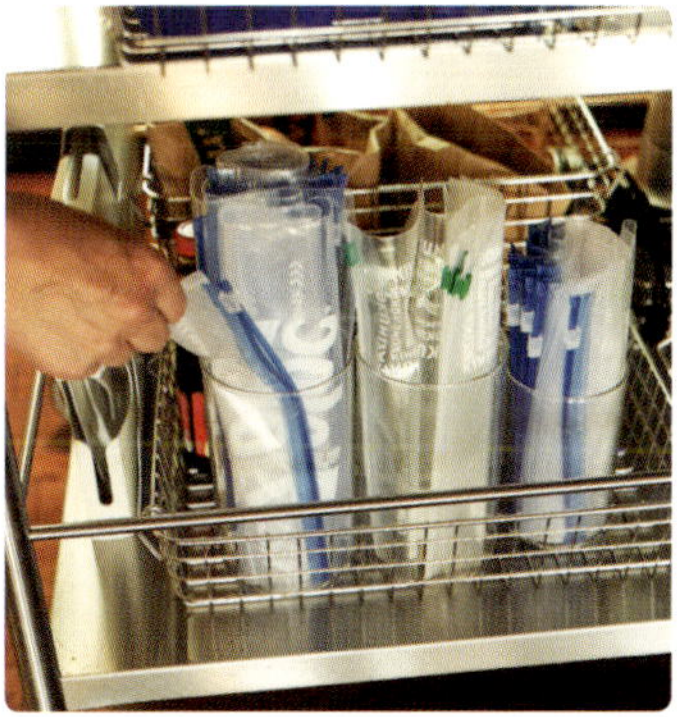

「ジップロック」のイージージッパーは、サイズ別に立てておくと出し入れがスムーズ。細長い食材は「紀ノ国屋」のスライドジッパーバッグに。

シンクまわり

手を伸ばせばすぐ届く特等席であると同時に、水や油が飛び散りやすいここは、
ワンアクションでの出し入れのしやすさと、さっと拭けばきれいになる、
という掃除のしやすさがポイントです。

レードルや木べらなどは、引き出しにしまい込むと出し入れしにくいので、立ててしまう。使用頻度が高いものを手前に。

濡れたふきんが置きっぱなしになっているのが嫌いなので、ふきんやキッチンクロスは、使い終わったらここでカラッと乾かす。

毎朝使うコーヒー用のペーパーフィルターと、だしをとるときに使う、昆布、鰹節は、古道具屋さんで見つけたガラス容器に。

よく使う計量スプーンは、シンク上の目線の高さに吊るしておく。なんの変哲もないシンプルな釘が一番引っかけやすい。

塩や砂糖の保存容器は、熱いお湯で絞ったふきんで拭くとすぐきれいになる、ステンレス製のポット。陶器の壺には片栗粉を。

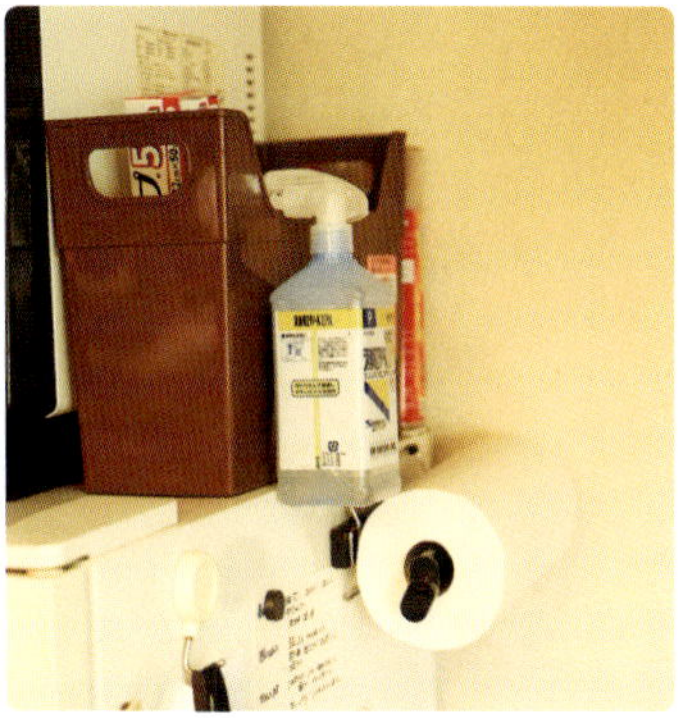

油汚れなどをさっとひと拭きで「なかったこと」にできるエタノールのスプレーボトルは、ガスコンロ近くにスタンバイさせて。

コンロのすぐ後ろにある冷蔵庫の上に、ウェスを常備。不要になったTシャツやタオルなどを小さくカットしてここに入れて。

シンク下には、鍋とボウル、バットなど基本的な調理道具と、びん入りの調味料を。あまりたくさん詰め込まないようにしている。

スチールシェルフをパントリーに

使いかけの乾物や缶詰など、種々雑多なものは、整理が難しいもの。
以前は引き出しにしまっていましたが、すぐにごちゃごちゃに。
そこでかごにポイポイ放り込む方式にしたら、やっと片づけやすくなりました。

スチールシェルフに、細長いワイヤーかごを組み合わせ、乾物、缶詰、紅茶など、種類別に分類。下の引き出しにはゴミ袋などを。

真ん中のかごにはキッチンクロスを。左端には、トレーやカッティングボードを、右端には、かごやざるなどを収納。

乾物や缶詰用のかご。すべてが見通せるので、何がどれぐらい残っているかをチェックしやすい。ここに入る量だけをストックする。

ゴミ袋は、１枚ずつさっと取り出せる「リッチェル」のポリ袋収納ケースを利用して、サイズ別にスタンバイさせている。

小麦粉やパン粉などは、湿気ないように、「オクソー」のポップコンテナに保存。フタの真ん中のボタンを押すだけで密閉できるすぐれもの。

道具のはなし

いい道具は、キッチンでのストレスを軽減してくれるなぁと思います。たとえば、甜麺醤《テンメンジャン》が残りわずかになったとき。計量スプーンをびんの中に突っ込んで、かき出そうとしても、隅っこまで届かずに、何度もカチャカチャ入れたり出したり……。ところが、ミニサイズのシリコンべらを買ったとたん、隅の隅までへらが届いて、びんの角までスッキリすくえる！　あのイライラはなんだったんだろう、もっと早く買えばよかった！と思いながら、新しいゴムべらをいそいそと取り出すのです。

そんな道具の機能は、使ってみないとわかりません。さらに、あの人にとってのすばらしい機能が、私にとってもいいとは限らない。料理のプロの方から「そんなもの使いません！」と言われそうなキャベツ用ピーラーは、わが家でトンカツを作る日になくてはならないものです。ザッザッとたちまちのうちにせん切りキャベツができるんですから！　つまり、いい道具とは、自分の料理のスキルに合っていればそれでいい。下手なら下手なりの、身の丈の道具を選べばいい。老舗の有名店の逸品でも100円ショップのグッズでも、日々のごはん作りの手助けをしてくれる。それが使いやすい、いい道具だと思います。

ミニサイズのシリコンべらは、弾力性があるので、ジャムやびん詰の調味料などを、びんの隅々まですくい取ることができる。

今から20年ほど前に、京都の「有次」で買ったやっとこ鍋。取っ手がないので、入れ子になり、しまうときに場所をとらない。

「オクソー」のサラダスピナーは、葉物野菜の水気を切るときに使う。フタまですべて分解できて洗えるのが選んだ理由。

薬局などで売っているさらしを買って、ハンカチ大にカットしてストック。野菜の塩もみや、ゆでた野菜の水切りに使っている。

ちょっと小ぶりのお玉は、柳宗理デザイン事務所から独立したという「ヨシタ手工業デザイン室」のもの。お玉置きは100円ショップで。

10年以上愛用しているピーラーは、ドイツの「WMF」のもの。切れ味がずっと変わらず、ストレスなく皮をむくことができる。

熱い油の中に入れても使えるクッキング用温度計。肉の中の温度が70度以上になっていると、中まで火が通っているとわかる。

肉じゃがの汁を残して具だけをすくいたいときなどに便利なのが穴あきスプーン。京都の「ウエストサイド33」で購入したもの。

キャベツ用ピーラー。普通のピーラーよりも刃が長く、キャベツの断面に当ててぎゅっと引くと、たちまちせん切りキャベツができる。

ゆでたじゃがいもなどをつぶすマッシャーは「オクソー」のもの。広い面で均一につぶせ、目詰まりもなし。洗うのもラク。

茶渋がついた器やふきんを漂白したり、フライパンの焦げつきを浮かせて落とすのに使っているのは「アルカリウォッシュ」。

鍋など器以外のものを拭くときは、吸水性抜群の「白雪ふきん」を。台拭きには、洗ったらすぐ乾く「びわこふきん」を使っている。

おわりに

30代の初めごろ、ただひたすらに仕事に一生懸命で、自分の生活なんて二の次でした。「イチダさんに頼んでよかった」と言ってもらいたくて、「ちょっと相談したいんだけど……」と言われれば、編集部に飛んでいき、「こんな情報が必要なんだけど」と聞けば、どこへでも出かけていって調べたり、話を聞いたり。私の全神経は、自分の外側へと向かっていました。

当然、家でごはんを作る暇も気力もなく、当時住んでいた家からちょうど歩いて5分のところにあった「ロイヤルホスト」やラーメン屋さんやお弁当屋さんをローテーションでまわり、自宅でごはんを作るのは、ごく稀でした。

そんなとき、ずっと関わってきた雑誌が突然休刊になりました。自宅でその知らせを受けて、電話を置いたあと、私は唖然として、雑然とした部屋を見渡したことを覚えています。

ぽっかり時間ができて、久しぶりにスーパーに買い物に行って夕飯を作りました。たいしたものではなかったけれど、ご飯を炊いておかずを作って……。そして、湯気の立つ器を並べた食卓を見て、「ああ、なんて確かなんだろう」と思ったのです。

どんなに一生懸命頑張ったとしても、人の評価なんてすぐに消えてしまいます。どんなにほめてもらっても、その言葉はたちまち忘れ去られていきます。そうか、何かを「外」に求めるっていうことは、こんなにも不確かなものなんだ。私は、そのことを痛みとともにやっと理解したのでした。

自宅でのごはんを大事にするようになったのは、このときからです。家に帰れば温かいごはんがある。それだけは、決してなくなることのない事実でした。仕事をしていれば、悶々と悩むこともあれば、自分の不甲斐なさに落ち込むこともあります。でも、ごはんを作って「おいしいね」と食べる時間は決して変わらない。だから私は、「ここ」を自分のまんなかにしよう、と思ったのでした。

ごはん作りは毎日です。だから面倒くさいし、大変です。でも淡々と繰り返すその時間こそが一番の幸せなのだと、人生の後半になって思うこのごろです。

一田憲子（いちだ・のりこ）

1964年京都府生まれ兵庫県育ち。編集者・ライター。OLを経て編集プロダクションへ転職後、フリーライターとして女性誌、単行本の執筆などで活躍。企画から編集を手がける暮らしの情報誌『暮らしのおへそ』『大人になったら、着たい服』（ともに主婦と生活社刊）は、独自の切り口と温かみのあるインタビューで多くのファンを獲得。全国を飛び回り、著名人から一般人まで、これまでに数多くの取材を行っている。著書に『丁寧に暮らしている暇はないけれど。時間をかけずに日々を豊かに楽しむ知恵』『かあさんの暮らしマネジメント 仕事、家事、人生をラクに楽しくまわすコツ』（ともに小社刊）、『キッチンで読むビジネスのはなし』（KADOKAWA刊）などがある。日々の気づきからビジネスピープルへのインタビューまで、生きるヒントを届ける自身のサイト「外の音、内の香（そとのね、うちのか）」を主宰。

http://ichidanoriko.com/

アートディレクション　成澤 豪（なかよし図工室）
デザイン　成澤宏美（なかよし図工室）
撮影　興村憲彦
編集担当　八木麻里

面倒《めんどう》くさい日《ひ》も、おいしく食《た》べたい！
仕事《しごと》のあとのパパッとごはん

2018年11月28日　初版第1刷発行
2018年12月13日　第2刷発行

著　者　一田憲子
発行者　小川 淳
発行所　SBクリエイティブ株式会社
〒106-0032 東京都港区六本木2-4-5
電話 03-5549-1201（営業部）

印刷・製本　萩原印刷株式会社

落丁本、乱丁本は小社営業部にてお取り替えいたします。
定価はカバーに記載されております。
本書の内容に関するご質問等は、小社学芸書籍編集部まで書面にてお願いいたします。

ISBN978-4-7973-9825-0